ALFRED MAME ET FILS
A TOURS

A TRAVERS
LE ZANGUEBAR

PAR

LES PP. BAUR ET LE ROY

DE LA CONGRÉGATION DU SAINT-ESPRIT ET DU SAINT-CŒUR DE MARIE

MISSIONNAIRE AU ZANGUEBAR

OUVRAGE ORNÉ DE 45 GRAVURES ET D'UNE CARTE

A TRAVERS

LE ZANGUEBAR

1re SÉRIE GRAND IN-8°

LE RETOUR DE LA CHASSE

A TRAVERS
LE ZANGUEBAR

VOYAGE DANS L'OUDOÉ, L'OUZIGOUA, L'OUKWÉRÉ
L'OUKAMI ET L'OUSAGARA

PAR

LES PP. BAUR ET LE ROY

DE LA CONGRÉGATION
DU SAINT-ESPRIT ET DU SAINT-CŒUR DE MARIE
MISSIONNAIRES AU ZANGUEBAR

OUVRAGE ORNÉ DE 45 GRAVURES ET D'UNE CARTE

QUATRIÈME ÉDITION

TOURS

ALFRED MAME ET FILS, ÉDITEURS

M DCCC XCIX

DANS L'OUDOÉ ET L'OUZIGOUA

(P. BAUR)

I

MANIÈRE DE VOYAGER AU ZANGUEBAR — LE KINGANI — KARABAKA

Vous me demandez la relation du voyage que je viens de faire dans le but de visiter nos stations déjà fondées et chercher des emplacements favorables pour en établir de nouvelles. Je m'empresse d'accéder à vos désirs et de vous transmettre les détails qui peuvent vous intéresser[1].

Mais d'abord une remarque est bonne à faire : au Zanguebar, on ne voyage pas comme partout. Nous n'avons ici ni les chemins de fer d'Amérique, ni les palanquins de l'Inde et de la Chine, ni les chevaux de l'Arabie, ni les chameaux du Sahara, ni les wagons du Cap avec leurs attelages de gros bœufs, ni même les pirogues sur lesquelles vous avez remonté les fleuves de la Guyane. Avant tout, le missionnaire de ce pays doit donc avoir de bonnes jambes et s'estimer heureux de pouvoir parfois se procurer

---

[1] La relation de ce voyage est adressée par le R. P. Baur au T. R. P. Emonet, ancien préfet apostolique de la Guyane française, supérieur général de la congrégation du Saint-Esprit et du Saint-Cœur de Marie, dont le siège est à Paris, 30, rue Lhomond.

un humble bourriquet, ordinairement plus robuste et plus beau que ceux de France, mais trop souvent plus opiniâtre, et, comme tous les êtres qui se voient nécessaires, se faisant un malin plaisir de créer mille embarras à son cavalier et de lui jouer des tours auxquels un âne d'Europe n'aurait jamais osé arrêter sa pensée.

Tous les transports se font à dos d'hommes, et par quels chemins! Nos meilleures routes sont des sentiers tortueux qui se déroulent à travers de hautes herbes et d'épaisses broussailles, d'ordinaire moins fréquentées par les hommes que par les bêtes fauves, et où deux voyageurs ne peuvent marcher de front.

Encore si la monnaie passait dans ces pays! Mais tous les échanges se font en nature, et, pour se procurer les choses les plus indispensables à la vie, on est obligé d'emporter avec soi des marchandises de toute espèce; de sorte que, pour peu que le voyage soit long, la caravane devient facilement nombreuse et les embarras se multiplient. Des étoffes, des verroteries, du fil de laiton, des couteaux, des pioches, des miroirs, etc. : voilà la monnaie courante. On la charge, avec sa tente, son hamac et sa batterie de cuisine, sur les dos de *pagazis* ou porteurs : chaque homme prend ordinairement 70 livres.

Je quittai Bagamoyo le 16 janvier avec le P. Hacquard, qui, cinq jours seulement après notre retour, devait nous dire adieu pour le ciel. Nous avions avec nous douze porteurs, gens éprouvés et connus, six de nos chrétiens et deux ânes. Les PP. Le Roy et Frisch nous accompagnèrent jusqu'à la première étape.

Nous nous dirigeâmes vers le nord par le chemin de Windé, et, arrivés au Kingani (voir la gravure, p. 13), nous prîmes une grande pirogue qui nous attendait pour nous faire descendre le fleuve; car nous devions le passer près de son embouchure, dans un endroit où la vase est ordinairement moins profonde. Mais ce ne fut qu'après deux heures de lutte contre le courant de la mer, qui entrait déjà dans le fleuve, que nous parvînmes à l'autre bord : il était midi. Une demi-heure après, nous étions en route avec notre petite caravane.

Une large lagune s'ouvre devant nous. Dans les basses marées et pendant la saison sèche, le sol est assez ferme, et, malgré les larges traces laissées par les hippopotames, on peut traverser sans difficulté ; mais, à marée haute ou après une grande pluie, la marche est extrêmement pénible : cette lagune n'est plus alors qu'une boue noire et fétide, dans laquelle on enfonce, ici jusqu'à la cheville, là jusqu'aux genoux, quand on ne s'étend pas tout de son long dans un trou, ou qu'on ne reste pas engagé dans des racines de palétuviers.

Au sortir de cette plaine marécageuse, et sur une petite éminence, se trouvent quelques cases de noirs qui fabriquent du sel ; au delà, de hautes herbes et des broussailles du milieu desquelles sortent d'énormes baobabs. C'est ici que s'ouvre le chemin que nous devons suivre ; on monte insensiblement, et, après une heure et demie de marche, on aperçoit des manguiers, des cocotiers, et plus loin un bon nombre de cases éparses au milieu de plantations bien entretenues : c'est Karabaka.

Autrefois ce village était assez considérable ; mais les cultures étant sans cesse ravagées par des troupeaux d'antilopes, de girafes, d'hippopotames, et les hommes n'étant pas eux-mêmes en sûreté à cause de la grande quantité de bêtes fauves qui se trouvent dans ces parages, plusieurs habitants sont allés chercher ailleurs fortune et tranquillité. J'ai déjà passé là plusieurs fois, et cette crainte des noirs me paraît parfaitement justifiée : à peine le soleil est-il couché, qu'on entend les gémissements des hyènes, les cris des léopards, les hurlements des chiens sauvages, et de temps à autre le rugissement du lion, qui domine tout et qui inspire je ne sais quel effroi au chasseur le plus exercé et à l'âme la mieux trempée. Quand on a fait une journée de marche au soleil d'Afrique, on aurait besoin d'une autre symphonie pour porter au sommeil.

Néanmoins nous passâmes cette nuit à la belle étoile, près de la case de Sungou-Sungou, chef du village et notre ami. A l'abri d'un grand arbre, étendus sur des hamacs dont nous avions attaché l'extrémité aux branches, entourés de nos porteurs, ayant à côté de notre camp un petit feu que nous avions allumé pour empêcher les hôtes de ces plaines de venir nous visiter (voir la gravure p. 17), nous aurions bien dormi sans les nuées de moustiques qui s'abattirent sur nous et nous empêchèrent longtemps de fermer l'œil. Aussi le lendemain tout le monde fut-il de bonne heure sur pied, prêt à se mettre en route. Il était quatre heures quand nous levâmes le camp, et ce fut au chant du coq que nous reçûmes les adieux et les souhaits de nos deux confrères, qui regrettaient beaucoup de ne pouvoir nous accompagner; ils rentrèrent à Bagamoyo après avoir tué un écureuil, un serpent et un singe dans les bois, et blessé un énorme crocodile qui alla se perdre au fond du Kingani.

Au delà de Karabaka, on a à traverser des plaines immenses, incultes et inhabitées, d'un aspect monotone, mais d'une végétation puissante. Ce sont tantôt de vastes prairies dont les herbes s'élèvent au-dessus de nos têtes, tantôt des touffes d'arbres, des fourrés, des bois presque impénétrables à cause des lianes sans nombre qui s'y entre-croisent et des arbustes épineux qui y poussent. Malheur au voyageur trop curieux ou trop distrait qui s'y

Kingani à son embouchure, d'après un croquis du R. P. Le Roý. (P. 10.)

engage : il n'en sortira pas sans voir sa peau déchirée et son habit en pièces... On ne rencontre là ni habitations, ni rivière, ni ruisseau : seulement, dans trois endroits sur notre parcours, le voyageur trouve une eau blanche et saumâtre dans des espèces de mares plus ou moins profondes et où vient s'abreuver le gibier, qui, comme je l'ai dit, est très abondant. Plus d'une fois nous avons aperçu des troupeaux d'antilopes et de zèbres; peu de temps après avoir quitté la station de Karabaka, à 200 mètres de notre chemin, nous avons compté près de quarante girafes qui dressaient leurs têtes au-dessus des hautes herbes et broutaient paisiblement les feuilles d'une espèce *d'acacia horrida* dont cet animal est très friand.

En voyage. — La nuit à Karabaka, d'après un croquis du R. P. Le Roy. (P. 12.)

2

II

Par une pente douce, nous arrivons insensiblement sur
une chaîne de collines, à 400 mètres à peu près au-dessus
du niveau de la mer, et à une heure de l'après-midi nous
étions arrêtés au premier village de l'Oudoé, chez Simba-
mbili. Simba-mbili (c'est-à-dire Deux-Lions) est un chef
assez influent avec lequel j'avais déjà fait connaissance
dans mes précédents voyages. C'est un bon vieillard qui a
certainement dépassé la centaine. De ses deux femmes il
a eu quarante enfants qui vivent encore presque tous, ré-
pandus dans l'Oudoé et chefs de différents villages; depuis
longtemps déjà ils ont eux-mêmes des enfants, lesquels
seront bientôt pères à leur tour. Les trente à quarante
cases de son village, à lui, ne renferment guère que des
vieux et des vieilles : on dirait le sénat de l'Oudoé. Ce
brave patriarche nous reçut très bien, nous logea chez lui,
nous combla de politesses; mais comme il est pauvre cette
année-ci, il s'excusa de ne pouvoir nous offrir que deux
poules et quelques épis de maïs. A mon tour, je lui frottai
le dos avec de l'huile fortement pimentée pour chasser un

rhumatisme dont il se plaignait et lui donnai un vieux tricot pour réchauffer un peu ses membres; il en fut enchanté.

Les Européens qui sont allés jusqu'aux Grands Lacs, et dont quelques-uns même ont traversé l'Afrique, n'ont pas encore visité l'Oudoé; nous avons été les premiers à parcourir ce pays et à entrer en relation avec ces pauvres gens, quelque peu anthropophages, il est vrai, mais trop mal famés et si dignes d'intérêt. Les Arabes ne s'aventurent pas de ce côté-là non plus, et pour cause. Cette contrée étant presque inconnue, je vais vous en parler un peu.

L'Oudoé se trouve entre deux fleuves : le Kingani, qui le sépare au sud de l'Ouzaramo, et le Wamé, qui le borne au nord et le sépare de l'Ouzigoua. A l'est, il s'étend presque jusqu'à la côte; au sud-ouest, il touche à l'Oukwéré, et à l'ouest il confine l'Oukami.

Les Wadoé sont de beaux hommes, forts, robustes, tous agriculteurs. Dans leurs campagnes, qui sont bien travaillées, ils cultivent en abondance le maïs, le mtama ou sorgho, la patate, le manioc; ils n'ont pas d'arbres fruitiers, et c'est à peine si l'on peut chez eux se procurer quelques bananes. Les troupeaux de moutons et de cabris, qu'ils élèvent en grand, font leur pricipale richesse. Ils n'ont pas d'esclaves. Leurs villages sont en général placés sur les sommets des montagnes et cachés dans les fourrés; un étroit sentier soigneusement détourné y conduit. Tous sont entourés de lianes, d'épines, de broussailles; plusieurs sont fortifiés avec des palissades faites de gros morceaux de bois et de troncs d'arbres. L'entrée en est ordinairement masquée par une petite case fétiche et un tas de cendres, ce dernier plus ou moins élevé, selon la grandeur du village. Les cases sont rondes, toutes en paille, distribuées sans ordre : on dirait des meules de foin (voir la gravure p. 21).

Cases de Wadoé. (P. 20.)

Le pays est partagé en quatre districts, gouvernés par un grand chef ou *mwéné*. De lui dépendent d'autres mwénès qui sont chefs de villages et qui lui payent un tribut annuel; son autorité est souveraine. Ces grands mwénès laissent pousser leur barbe, qui devient parfois assez longue; leurs ongles, qu'ils taillent en forme de griffes de lion, et leurs cheveux, qu'ils tressent et qu'ils oignent avec de l'huile de coco et du suif de mouton. Ils arrivent, avec ces soins, à se donner un aspect repoussant et à répandre autour d'eux des parfums d'une odeur tout à fait africaine et très propre à soulever le cœur d'un Européen. Ils se cachent à l'approche d'un étranger, et il est très difficile de les voir et de leur parler. Du reste ces mwénès ne peuvent pas se visiter entre eux; car si par malheur le regard de l'un tombait sur l'autre, l'un d'eux, croient-ils, mourrait infailliblement dans l'année. Quand donc ils ont à se parler, ils désignent le village où se fera la conférence et se donnent rendez-vous dans une case à quatre compartiments séparés : l'échange de paroles se fait par-dessus les murs.

Quand l'un d'eux meurt, on lui creuse une tombe, et on enterre avec lui quelques femmes qui doivent être ses servantes dans l'autre vie, puis on organise des danses, on fait de grands festins, on boit du sang dans des crânes, et on se régale de chair humaine. Pareils sacrifices à l'élection d'un nouveau mwéné. Mais comme ils ne se mangent pas entre eux, et que pour certaines cérémonies il leur faut des victimes humaines, des chasses à l'homme ont été organisées. La chair des Wakami, leurs voisins, leur paraît exquise et supérieure à toute autre; aussi, à différentes époques de l'année, ils s'en vont par centaines, sur un ordre d'un chef, se poster à l'affût dans les broussailles, vers les confins de l'Oukami. Ils se tiennent ordinairement près des sentiers, et quand un homme passe ils tombent sur lui, le prennent, l'entraînent, et ainsi jusqu'à ce qu'ils aient le nombre de prisonniers demandé. Souvent les caravanes qui partent pour l'intérieur sont ainsi arrêtées ou retardées dans leur route; souvent aussi elles sont obligées de prendre un autre chemin plus difficile et plus long, parce que les porteurs ne se soucient guère de faire les frais du déjeuner de ces cannibales. La première fois que je m'arrêtai dans leur pays (il y a déjà quelques années), les Wadoé accoururent des villages voisins, et ils eurent bientôt entouré notre petite caravane : la peau blanche des missionnaires fixa d'abord leur attention; mais ensuite, se montrant l'un à l'autre tels ou tels de nos porteurs :

« Que celui-là serait bon! disaient-ils en se faisant claquer la langue.

— Moi, je n'en voudrais pas, faisait un autre : il sent l'Arabe; mais ce grand-là, qui ressemble à une girafe, doit être excellent... »

Et nos pauvres gens, tremblant comme des feuilles, s'enveloppaient dans leurs couvertures et s'efforçaient de ne pas entendre. Du reste, ils en furent quittes pour la peur: il n'y avait pas en ce moment de grande cérémonie, et je crois que les Wadoé voulurent plaisanter à nos dépens...

Ils aiment à s'entretenir avec nous; mais, quand on leur parle de ces pratiques sanguinaires, ils prennent immédiatement des airs d'innocence et rejettent la faute sur un village voisin, de sorte que tous les Wadoé mangent avec délices leurs semblables, excepté ceux que l'on interroge sur cette question délicate.

Cette vieille coutume, naturellement, leur attire la haine de toutes les peuplades d'alentour, et souvent la guerre. Seïd-Saïd, le père du sultan actuel de Zanzibar, avait même

juré par la barbe du Prophète de les exterminer jusqu'au
dernier. On pillait leurs campagnes, on brûlait leurs villages, on les traquait cemme des bêtes fauves. Ceux qui
étaient saisis étaient vendus comme esclaves à vil prix,
et on pouvait en avoir un pour quelques épis de maïs;
encore, même à ce prix, était-il difficile de trouver des
acheteurs. Mais on n'est pas arrivé à les déloger de leurs
broussailles et du sommet de leurs montagnes. Depuis
une vingtaine d'années, cette guerre à outrance a cessé :
les Arabes se sont retirés, et les Wadoé sont restés libres
et anthropophages.

Trés sévères pour les mœurs, ils châtient sévèrement
les fautes contre la fidélité conjugale; le vol est puni de
mort; l'homicide est passible de la même peine. Dans ce
voyage, nous avons rencontré sur notre chemin, à un
quart de lieue d'un village, deux cadavres suspendus par
les pieds à des branches d'arbres, à quatre mètres au-dessus du sol, les mains liées derrière le dos, secs comme
des morceaux de bois; leurs vêtements étaient là, sur
d'autres branches (voir la gravure p. 29). Informations
prises, je sus que l'un d'eux avait été arrêté en flagrant
délit de vol : on l'avait pendu et tué à coups de fusil.
L'autre avait assassiné un de ses camarades qui lui avait
refusé un morceau de volaille; celui-ci avait été pendu à
côté du premier, et les femmes lui avaient fracassé la tête
à coups de pierres.

Les Wadoé sont païens et fétichistes; chez ce peuple,
comme du reste dans les pays d'alentour, les sorciers
jouent un rôle important et exercent une influence très
considérable. On en trouve qui sont chefs de villages. On
les consulte souvent, dans les grandes et les petites circonstances de la vie, pour tout et pour rien. Quand quelqu'un vient à mourir, ils désignent les personnes qui ont

fait les maléfices et causé cette mort : on prend alors ces prétendus coupables et on les brûle tout vifs. Pareillement, si un enfant vient au monde en un jour néfaste, s'il apporte quelque défaut corporel, pour tout dire en un mot, si le sorcier l'ordonne, on jette impitoyablement le pauvre petit dans les broussailles, où il devient la proie des bêtes fauves.

La polygamie, non plus que l'esclavage, n'est pas générale chez ce peuple : seuls les chefs ont plusieurs femmes.

Au dire des anciens, les Wadoé ne sont pas originaires de cette contrée : ils descendent des Manyémas, qui habitent à l'ouest du Tanganika et qui ont été visités par Livingstone en 1870, et plus tard par Cameron. Ils parlent, en effet, la même langue et ont à peu près les mêmes coutumes. Comme les Wadoé, les Manyémas sont anthropophages. Comme on le voit, nous n'avons pas besoin de franchir de grandes distances et de dépenser beaucoup d'argent pour trouver des peuples abandonnés : à quelques lieues de Bagamoyo, les tribus sont aussi sauvages et les coutumes aussi barbares qu'au centre de l'Afrique ; elles le sont même quelquefois davantage. Ah ! que n'avonsnous les ressources nécessaires pour établir une station chez ces pauvres noirs et leur envoyer quelques missionnaires ! Si misérables qu'ils soient, il y a plus d'espoir de les évangéliser avec fruit que les mahométans. Depuis que nous avons fait leur connaissance, nous traversons librement leur pays pour aller à notre mission de Mandéra ; ils nous reçoivent toujours bien, viennent nous visiter à Bagamoyo, et, maintenant qu'ils nous connaissent, ils seraient heureux de nous voir nous établir chez eux. J'en ai l'espoir, leur jour viendra bientôt ; mais, de grâce, des hommes et des ressources !

III

EN PAYS ACCIDENTÉ — LA LIANE DU VOYAGEUR — A LA RECHERCHE
DU VILLAGE DU GRAND MWÉNÈ — RÉCEPTION

Le 18, nous quittâmes Simba-mbili à six heures, nous
dirigeant vers le nord-ouest. Ici le pays commence à
prendre un autre aspect : la plaine est finie. Nous ne faisons que monter et descendre, traverser de belles vallées
cultivées avec soin et gravir des collines très escarpées
couvertes de broussailles et d'épaisses forêts. On rencontre
là beaucoup de cactus candélabres atteignant des hauteurs
extraordinaires, des arbres à copal, des sagoutiers de toute
beauté, des strychnos chargés de fruits, des lianes de toute
espèce et de toute forme, et en particulier la précieuse
liane du voyageur, qui, comme de grosses cordes, monte
le long des arbres et s'enroule autour des branches : de
loin on dirait un énorme serpent. Dans le pays, on l'appelle *kamboa*. En la coupant par le bas et en faisant une
incision à une certaine hauteur, on obtient une eau assez
abondante pour en remplir des bouteilles, eau délicieuse,
un peu sucrée, rappelant le lait de coco. C'est une bonne
rencontre pour le voyageur dans un pays où l'on ne trouve
dans les mares qu'un liquide saumâtre et bourbeux. Dans

ces forêts, que traversent ici et là de petits sentiers conduisant à des villages, on voit aussi une grande variété de fleurs, beaucoup d'espèces surtout de convolvulus, de lis, d'amaryllis, dont les oignons sont parfois d'une grosseur exceptionnelle. Il y a, entre autres, un amaryllis magnifique dont l'oignon pèse plus de quinze livres; sur sa tige unique nous avons compté plus de soixante-dix fleurs de couleur laurier-rose, formant un bouquet de toute beauté. Nous avons rencontré les mêmes espèces de plantes dans plusieurs endroits de l'Ouzigoua.

Malgré l'absence de cours d'eau, la végétation est splendide et le pays d'une fertilité étonnante. Le sol est argileux, la terre rouge, couverte d'une épaisse couche d'humus. Les pierres calcaires sont rares; presque partout on trouve du quartz et du grès.

Après avoir longtemps traversé collines et vallées, on arrive enfin sur un plateau élevé d'où l'on domine tout le pays : le coup d'œil est superbe. Devant soi, au nord-ouest, s'étend une plaine immense où surgissent ici et là quelques villages au milieu de grandes plantations de cannes à sucre, de maïs, de sorgho, etc., et à travers laquelle coule le Wamé, qui l'inonde pendant la saison des pluies. L'œil, remontant plus haut, aperçoit le même fleuve sortant d'une étroite et longue vallée serpentant au pied des montagnes de Kiona (en français Belle-Vue) et de Mghighèma (Bonne-Ville). Derrière soi s'étend le pays si agréablement accidenté, les collines et les vallées que nous venons de traverser; au nord apparaît la même chaîne de collines, couvertes partout de villages fixés là comme des nids de vautours, et au nord-ouest voici l'Oukwèré, semblable à une immense forêt.

Le plateau d'où nous admirions cette belle nature africaine est occupé par un grand mwénè; je fis arrêter la

Dans l'Oudoé, d'après un croquis du R. P. Le Roy. (P. 25.)

caravane, et le P. Hacquard et moi, avec quelques porteurs, nous nous dirigeâmes vers son village. Le trouver n'était pas chose facile ; nous enfilâmes un petit sentier choisi entre beaucoup d'autres qui se croisaient dans un épais fourré, et, après quatre à cinq cents mètres de tours et de détours, nous parvînmes enfin devant la porte d'entrée. Elle se compose de huit grosses pièces de bois équarries, supendues verticalement à une autre pièce transversale, de sorte qu'il faut les pousser par le bas l'une après l'autre, les placer sur une espèce de fourche qui les retient, et arriver ainsi dans l'enceinte du village.

Comme le mwénè ne s'attendait pas à pareille visite, il n'eut pas le temps de se cacher ; nous le surprîmes assis sur le faîte de sa case, occupé à la couvrir. En nous apercevant, il fut comme saisi de stupeur ; puis, se remettant un peu, il se laissa glisser de l'autre côté du toit, et s'étant fait apporter à la hâte son bonnet de chef, son écharpe, son *zime* (sabre), il vint gravement s'asseoir sur son siège, espèce de tabouret fait avec un tronc d'arbre grossièrement sculpté, et nous invita à prendre place nous-mêmes sur un *kitanda* ou lit de cordes de coco qui se trouvait à ses côtés. Mais à peine étions-nous assis, que les gens du village arrivèrent pour rendre hommage à leur chef ; chacun déposait à ses pieds son fusil, son sabre et son couteau, se mettait à genoux, et, faisant une inclination profonde, frappait des mains en disant : *Tcha mwé!* (abrégé des mots : *Kutcha mwénè,* les griffes du chef) ; à chacun le mwénè répondait par un grognement sourd et prolongé qui imitait le long rugissement du lion.

La cérémonie terminée, et tout le monde étant disposé en cercle autour de nous, le chef nous salua enfin et nous demanda d'où nous venions, où nous allions. Je lui répondis que nous étions de Bagamoyo, et que nous nous

rendions à Mandéra et sur les montagnes du Ngourou
pour visiter nos frères; arrivé devant son village, je n'avais
pas voulu passer outre sans venir le saluer et faire sa connaissance. Il parut satisfait.

« Ah! c'est vous, dit-il, qui sans doute avez déjà voyagé
dans mon pays : on m'a parlé de vous et des blancs qui
sont à Mandéra; on m'a dit qu'ils n'ont enlevé les femmes
de personne et qu'ils n'ont point fait d'esclaves; on les
aime partout. Je suis heureux de vous voir. »

Il dit ensuite quelques mots à l'un de ses hommes; celui-
ci partit aussitôt, prit un filet de chasse et revint un instant
après avec un énorme coq et quelques œufs que le mwénè
nous pria d'accepter. Je ne pouvais refuser sans lui faire
injure; mais n'ayant rien de déballé, je m'excusai de ne
pouvoir lui offrir de cadeau, en lui promettant de lui en
envoyer un dans une meilleure occasion. Enfin, après avoir
pris quelques renseignements sur le pays, les usages, et
après nous être promis amitié réciproque, nous nous
quittâmes, et nous reprîmes notre route vers le Wamé.
(Voir les gravures pp. 37 et 45.)

IV

Nous n'avons plus maintenant qu'à descendre des pentes
assez raides et de mauvais sentiers rocailleux; à travers
forêts et broussailles, nous arrivons dans cette grande
plaine arrosée par le fleuve que nous venons de contem-
pler. Nous la traversons dans sa largeur de l'est au nord-
ouest, en passant près de plusieurs habitations, et nous
allons camper à Mlonga, à cinq cents mètres du Wamé.

Le lendemain, à cinq heures, nous étions sur pied.

Nous traversâmes le fleuve en face du village de Mghi-
ghéma, assis au pied de la montagne de ce nom; ce passage se fit sans difficulté, dans une pirogue. Comme les
eaux étaient basses, coulant sur un fond sablonneux,
et comme en cet endroit il n'y avait pas de crocodiles à
craindre, nos montures furent jetées à l'eau et halées
à l'autre bord.

A partir de Mghi-ghéma, deux chemins s'ouvrent vers
Mandéra (si l'on peut appeler chemins ces misérables
sentiers) : l'un par-dessus les montagnes, affreux et très
long; l'autre longeant le Wamé et tournant le Mghi-

ghéma, meilleur et plus court, mais présentant des passages difficiles et impraticables pour nos ânes et pour nos
porteurs, chargés de lourds fardeaux. Pendant que le
reste de la caravane se dirige vers le sentier ordinaire,
le P. Hacquard et moi prenons le second, suivis de trois
de nos chrétiens. A travers des herbes et des joncs qui
nous dépassent, nous arrivons sur le versant oriental de
Mghi-ghéma, au pied duquel coule le Wamé, profondément encaissé entre cette montagne et la chaîne de
l'Oudoé. Plus de chemin : suspendus sur le fleuve, il faut
nous accrocher à une pierre, à une racine, à une branche,
et chercher longtemps où poser le pied. Tantôt nous descendons à un mètre au-dessus de l'eau, tantôt nous
remontons à quinze et à vingt, toujours suspendus
comme des chèvres : un faux pas, et nous voilà sous la
dent des crocodiles, dont nous apercevons de temps
à autre les noires écailles briller au soleil. Heureusement
nous n'avons guère qu'une demi-lieue à faire ainsi, et,
après maintes escalades, nous arrivons au but sans autre
accident que quelques égratignures aux pieds et aux
mains et quelques morceaux de moins à nos vêtements.
Deux petits torrents, qui se jettent dans le fleuve, à traverser, une montagne à gravir, et nous nous trouverons
au chemin où aboutit celui qu'ont pris nos porteurs et
nos ânes.

Nous allions toujours en avant ; mais cette marche
nous avait fatigués, et à peine avions-nous quitté le
Wamé, que je fus subitement pris d'un gros accès de
fièvre avec vomissements bilieux. Mes jambes pouvaient
à peine me soutenir, et il nous restait encore trois heures
de marche à travers de grandes herbes et sur des montagnes très raides. Je marchai tant que je pus, et, arrivé
au sommet d'une colline, je m'étendis, exténué, dans

l'herbe près du sentier où devaient passer nos montures. Une heure, deux heures s'écoulent, et rien ne paraît. J'allais me traîner un peu plus loin, quand accourt un porteur.

« Grand maître, les ânes sont tombés dans un précipice, et l'un d'eux ne peut se relever; c'est pourquoi il faut prendre patience et attendre ici. »

J'attendis donc. A la fin on amena les montures; mais l'une d'elles, en effet, paraissait être en aussi triste état que son maître. Je pris l'autre, et nous arrivâmes ainsi à notre chère mission de Mandéra, où une bonne dose de sel, de la quinine et trois jours de repos devaient chasser la fièvre et me rendre les forces nécessaires pour continuer notre voyage.

Cependant nous avions été aperçus, et à la nouvelle de notre arrivée tout le monde s'était mis sur pied pour venir à notre rencontre et nous souhaiter la bienvenue. Une salve de coups de fusil avait fait accourir de tous côtés à la mission les chefs et les habitants des villages d'alentour.

Il y avait dix mois à peu près que j'avais conduit ici les deux Pères et le Frère chargés de commencer cette mission; mais quelle différence, quel changement! A la place des deux misérables huttes dressées à la hâte dans la forêt et qui servaient primitivement de logement, de magasin et de chapelle, voici maintenant une assez belle petite église où Notre-Seigneur est fidèlement adoré, des maisons en briques pour loger les missionnaires, des magasins, un beau et fertile jardin, où tous les légumes poussent comme par enchantement sous la main du F. Alexandre, un petit village chrétien de vingt familles au-dessus duquel se dresse une grande croix, une partie de la forêt défrichée, des campagnes cultivées avec intelligence et avec soin, des noirs accourant de tous côtés, les uns pour voir les missionnaires, les autres pour vendre leurs poules ou leur gibier; ceux-ci, en grand nombre, pour demander quelques médicaments et se faire soigner dans leurs maladies, ceux-là enfin pour se faire instruire et assister aux offices, silencieux et ravis, les dimanches et les fêtes. Qui jamais aurait prévu un tel résultat, obtenu en si peu de temps, au milieu de ces forêts hantées par les bêtes [fauves et parmi ces pauvres sauvages dont la plupart n'avaient jamais vu d'hommes blancs? (Voir la gravure p. 53.) C'est que cette œuvre est l'œuvre propre de saint Joseph; et puisque l'occasion s'en présente, je ne puis m'empêcher de publier ce que ce saint patriarche a fait pour cette mission : c'est d'ailleurs m'acquitter par là d'une dette de reconnaissance.

C'était en 1880. Il nous fallait une station intermédiaire entre Bagamoyo et Mhonda, et j'entrepris un voyage d'exploration pour chercher un endroit convenable et y établir un village chrétien; le P. Machon m'accompagnait. Le voyage fut placé sous la protection de saint Joseph, et le départ fixé au 19 mars, jour de sa fête. Après avoir dit la messe en son honneur, nous nous mîmes en route, nous dirigeant vers l'Oudoé, qu'aucun Européen n'avait encore visité, et que nous traversâmes en grande partie. On ne nous mangea pas, mais plus d'une fois on nous fit entendre que nous paraissions pourtant bien *bons*, et que si nous le permettions, on serait heureux d'essayer nos porteurs pour commencer; beaucoup de petits propos de ce genre furent tenus, non sans quelque malice. Mais quand il en fallait venir à l'autorisation de nous fixer quelque part, nous étions vite éconduits, et nous ne pûmes jamais rien obtenir. Voyant donc que, pour le moment, il n'y avait rien à faire en ce pays, je dis à saint Joseph : « Vous êtes notre guide,

Les bords du fleuve Wamé, d'après une photographie du R. P. Baur. (P. 32.)

Pour la gloire de votre divin Fils, vous devez nous montrer l'endroit choisi par le bon Dieu dans ses desseins de miséricorde pour ces pauvres âmes. Faites comme il vous plaira ; mais nous ne reviendrons pas ici avant que l'emplacement soit déterminé et que tout soit arrangé pour l'établissement de la mission future... » Et, continuant notre voyage, nous quittâmes l'Oudoé pour passer dans l'Ouzigoua, ne sachant où nous allions, marchant à l'aventure, errant de village en village, renvoyés d'un chef à un autre, courant et espérant toujours, et toujours sans résultat. Enfin, le mercredi de la semaine sainte, nous arrivâmes chez un chef du nom de Kingarou (voir son portrait p. 69), surnommé dans le pays *Face du serpent*, pour le distinguer de Kingarou le Grand, roi de l'Oukami ; le village s'appelait Mandéra.

Aussitôt qu'il nous aperçoit, Kingarou s'arrête ; puis, reculant d'un pas, il pousse une exclamation ; il secoue la tête, il nous considère, et plus il regarde, plus les marques de son étonnement se multiplient. « Écoutez mes paroles, nous dit-il enfin, écoutez. Cette nuit, je ne sais si j'étais endormi ou réveillé, mais j'ai vu devant moi un beau vieillard qui m'a touché comme pour me faire sortir du sommeil, et qui m'a dit : « Kingarou, voilà deux « blancs qui arrivent chez toi avec une petite caravane ; « reçois-les bien et donne-leur tout ce qu'ils te demande- « ront. » Et c'est vous deux, c'est vous-mêmes, c'est toi et toi que je voyais devant moi. Ah ! comment cela se fait-il ?...»

Et, sans nous laisser le temps de parler, il appelle les gens du village : « Les voilà, s'écrie-t-il, ces deux blancs que j'ai vus cette nuit, avec le bon vieillard, comme je vous l'ai dit ce matin à mon lever ; les voilà ! »

Ces pauvres gens nous regardaient avec stupéfaction. Quant à nous, surpris d'abord de l'attitude du chef, nous eûmes bientôt la clef du mystère : saint Joseph avait travaillé pour nous, et du fond de notre cœur nous lui témoignâmes notre reconnaissance en le priant de nous continuer jusqu'au bout sa miséricordieuse intervention.

L'émotion première étant un peu calmée, je fis part à Kingarou du but de notre voyage et lui demandai de nous céder sur ses terres un endroit convenable. « Tout ce que j'ai est à vous, répondit le bon chef; ma maison est à vous, mon champ est à vous, mes hommes sont à vous. Choisissez ce qu'il vous plaira, et restez chez moi. » Nous passâmes là huit jours, célébrant les fêtes de Pâques au milieu de ce village inconnu que saint Joseph nous avait désigné et donné. Pendant tout ce temps, Kingarou ne savait que faire pour nous être agréable : il nous logeait dans une de ses cases, nous faisait apporter des moutons, des volailles, du riz, des bananes, nous conduisait partout, nous montrait les endroits les plus favorables et nous prodiguait les témoignages de son respect et de sa sympathie.

L'emplacement de la mission déterminé, nous partîmes; mais le chef, qui sans doute est du nombre de ceux auxquels, selon saint Thomas d'Aquin, Dieu enverrait un Ange plutôt que de les laisser périr sans baptême, ce bon chef voulut nous servir de guide jusqu'aux confins de l'Oudoé.

Quinze jours après, il vint nous voir à Bagamoyo, et, quand le moment de commencer l'œuvre fut arrivé, il revint encore avec de nombreux porteurs pour conduire les missionnaires et chercher les bagages. Depuis lors son dévouement pour nous ne s'est jamais refroidi, et, avec plusieurs de ses gens, il fréquente assidûment tous les offices de la mission.

Voilà ce que saint Joseph a fait pour Mandéra : saint Joseph est un bon missionnaire. A lui tout honneur, gloire et reconnaissance !

V

LE CHEF KOLWA — LE POMBÉ — VISITÉ PAR LA FIÈVRE —
ÉGARÉ DANS LA FORÊT

Le dimanche 22, après les offices, nous nous mîmes de
nouveau en route, afin de pouvoir arriver le dimanche
suivant sur les montagnes de Ngourou, à notre mission
de Mhonda. J'avais prié Kingarou de nous conduire chez
quelque chef de sa connaissance, à Mbouzini ou dans les
environs, pour y chercher un poste favorable entre nos
deux stations déjà établies; il le fit avec la meilleure grâce
du monde. Mais la circonstance était solennelle, et il voulut
le montrer. Vêtu d'une redingote noire et d'un langouti
tout neuf, coiffé d'un grand casque en cuivre, qu'un pom-
pier de Paris avait déjà fait passer à travers bien des
incendies, mais qui n'en était pas moins une merveille pour
un chef africain, chaussé d'une vieille paire de souliers,
le sabre à la main et le fusil sur l'épaule, Kingarou se mit
fièrement à la tête de la caravane et nous conduisit chez
Kolwa, chef important et ami dévoué des Pères de Mandéra. Ceux-ci avaient voulu nous accompagner jusqu'à
une certaine distance. Arrivés sous un arbre immense
autour duquel s'enroulait la *liane du voyageur,* nous nous

arrêtâmes, et ayant mangé quelques bananes, nous reçûmes les adieux de nos confrères, puis nous poursuivîmes notre chemin.

A trois heures, nous étions chez Kolwa; ce chef nous accueillit très bien, nous logea chez lui, nous apporta un mouton, des poules, des œufs, du riz, et aux demandes de renseignements que nous lui fîmes sur le pays que nous allions visiter, il répondit en nous indiquant un endroit convenable près de Mbouzini, et chez un chef nommé Bwambwara.

Ce Kolwa est lui-même un des principaux maîtres de la partie de l'Ouzigoua où a été établie la mission de Mandéra. On trouve chez lui de beaux troupeaux de vaches et de cabris, de superbes plantations, une terre rouge et fertile, mais un peu sèche par suite du manque de cours d'eau. Le sol contient du minerai de fer en abondance. Le village qu'il habite, assez considérable, est défendu par une double enceinte faite avec d'énormes troncs d'arbres autour desquels croît et s'entrelace une impénétrable forêt de lianes et d'arbustes à épines crochues. Une seule porte y donne accès. Autour des cases, rondes et en torchis, régnait alors une certaine animation. Les femmes cuisaient le pombé. (Voir la gravure p. 77.)

Pour obtenir cette boisson, connue et hautement estimée dans toute cette partie de l'Afrique, on fait d'abord germer le *mtama* (espèce de sorgho); puis, après avoir ôté les germes et l'avoir fait griller, on le met dans des jarres où on le laisse bouillir et fermenter, et le pombé est fait. Avant la fermentation, on l'appelle *tokwar;* il est doux et très enivrant. Fermenté, il a une saveur aigrelette, rappelant plutôt le cidre que la bière; on y jette ordinairement quelques poignées de sorgho pour qu'il y ait à boire et à manger.

Nous quittâmes Kolwa le lendemain matin, au chant du coq. Comme la veille, Kingarou nous servit de guide à travers la forêt, et à neuf heures nous rejoignîmes à Magoubikra le grand chemin des caravanes venant de Sadanie. Après une halte nécessaire pour nous procurer des provisions (car nous ne devions rien trouver dans les deux stations suivantes), nous repartîmes à trois heures de l'après-midi, avant de gagner le camp des caravanes à Kikwaso. Nous y étions à six heures. C'est un village assez grand; mais, quelques jours avant notre arrivée, les habitants l'avaient abandonné, chassés par les vexations qu'ils avaient éprouvées de la part des caravanes arabes et des soldats du sultan. Toutes les cases étaient vides.

Ce fut dans cette étape que le P. Hacquard sentit les premières atteintes de la fièvre. Une heure après avoir quitté Magoubikra, pris d'un assez fort accès, ne tenant plus sur ses jambes et l'âne le fatiguant trop, il avait été obligé de s'étendre dans les herbes à l'ombre d'une touffe d'arbres. Arrivé au camp, il se coucha dans son hamac, et après avoir pris une tasse de thé chaud et absorbé une grande quantité d'eau, il put transpirer, s'endormir et passer une assez bonne nuit malgré les puces, les punaises et les carapates, que les habitants du lieu avaient oublié d'emporter avec eux et qui étaient restés, en grand nombre, seuls gardiens de ces cases abandonnées.

Le lendemain, à cinq heures, le Père était sur pied. Je lui offris l'unique monture que nous possédions, car l'autre était devenue incapable de nous suivre, et nous l'avions laissée à Mandéra. Il ne voulut pas la prendre, disant que l'âne le fatiguait plus que la marche à pied, et nous nous engageâmes, comme d'habitude, dans de hautes herbes couvertes d'une rosée épaisse et froide. Nous fûmes bientôt trempés jusqu'au-dessus des hanches. Une heure et demie après, un nouvel accès de fièvre se déclara chez le P. Hacquard; mon pauvre compagnon de voyage se traîna tant qu'il put; puis, se couchant dans les herbes, se relevant, s'étendant de nouveau, il finit par arriver avec nous jusqu'à Kwadigwamé. Il était huit heures et demie. Les porteurs ayant demandé à continuer leur route jusqu'à Mréré, afin de se procurer des vivres, je les laisse partir avec des étoffes; mais ils reviennent bientôt, n'ayant presque rien trouvé, se serrant le ventre et mécontents.

Cependant le Père se trouva encore debout le lendemain matin, et cette fois je pus le décider à prendre une dose de quinine. Notre petit déjeuner fini, nous suivions tranquillement le chemin des caravanes, montant insensiblement, traversant des forêts et de belles vallées, mais ne rencontrant aucun village, quand, vers sept heures et demie, de grands troupeaux de zèbres et d'antilopes apparurent à cinq cents mètres de notre sentier. Le P. Hacquard, qui marchait vaillamment, se jette dans les broussailles avec son fusil, emporté par le désir d'abattre une de ces bêtes et de rompre le jeûne forcé de nos porteurs. Mais déjà les antilopes l'ont vu; le Père les poursuit et disparaît. Une demi-heure se passe, nous appelons, je donne des coups de sifflet: pas de réponse; trois hommes sont envoyés qui perdent dans les fourrés les traces du chasseur, et qui reviennent après avoir tiré en vain des coups de fusil. D'autres porteurs sont dirigés dans divers sens; ils nous rejoignent une heure après. Recherches infructueuses! J'étais inquiet; mais pensant enfin que le Père, après quelques détours, a trouvé le chemin de Mbouzini, qu'il nous précède; et peut-être il nous attend, je fais partir la caravane. Nous arrivons chez Mwambwara à deux heures et demie; mais là, de même qu'à Mréré, on n'a vu personne. Qu'est donc devenu le P. Hacquard?

Encore le fleuve Wamé, d'après une photographie du R. P. Baur. (P. 32.)

A-t-il été pris par la fièvre? s'est-il égaré dans une forêt? est-il tombé dans un de ces trous profonds que l'on creuse en ce pays pour prendre les animaux sauvages? Toutes ces suppositions passaient et repassaient dans mon esprit. J'envoie de nouveau des hommes dans toutes les directions et j'attends. Enfin, vers six heures, le Père arrive, accompagné d'un noir. Il était harassé, couvert de sueur. Il n'a pas vu nos hommes, qui ne rentrent que bien avant dans la nuit.

Que s'était-il donc passé?... Après avoir poursuivi le troupeau d'antilopes pendant quelque temps, le Père, revenant ou croyant revenir sur ses pas, avait suivi un petit sentier qu'il pensait être le nôtre, et qui l'avait conduit à une rivière inconnue. Rebroussant chemin, il avait trouvé, sur un sentier plus large, des traces de souliers. « Ces traces se dirigent vers la côte, s'était-il dit, ce sont celles du voyageur anglais dont on a annoncé l'approche; je n'ai donc qu'à prendre la direction opposée, et dans quelques heures je serai à la station... » Il marche, il marche, et il arrive... à Kwadigwamé, que nous avions quitté le matin même : les traces fatales étaient les siennes propres... « A quelque chose malheur est bon, » dit le proverbe. Cette double étape, faite à la course, avait déterminé une transpiration abondante qui avait coupé un nouvel accès de fièvre.

VI

CHEZ BWAMBWARA — SCÈNE DE LA FRATERNISATION —
EXCURSION DANS LA CONTRÉE

Cependant notre arrivée subite chez Bwambwara avait jeté l'épouvante dans le village : les femmes se sauvent dans les broussailles; les hommes qui travaillent dans les champs accourent à la hâte; ceux qui sont restés dans leurs cases saisissent leurs arcs et leurs flèches, et de tout côté on crie : « Un blanc! la guerre!... » Nous entrons néanmoins; Kingarou va droit vers le vieux chef, et je le suis. « Non, dis-je, pas de guerre, pas de sang, pas d'esclaves! Mais je suis ton hôte aujourd'hui, et demain, je veux être ton ami; me chasseras-tu?... » Bwambwara, un peu rassuré, nous conduit alors sous la varangue d'une de ses cases, fait asseoir ses guerriers et rappelle les femmes, qui viennent en tremblant reprendre leurs pilons et préparer le mtama pour le repas du soir.

Prenant de nouveau la parole, je dis au chef, un vieillard dont la bonhomie est peinte sur le visage, qu'il n'a rien à craindre de notre part, que je viens de la part de Kolwa, son ami, et que finalement je serais heureux de m'établir chez lui... A cette déclaration, la surprise augmente, et mille suppositions courent de bouche en bouche.

« Ces blancs, dit Kingarou, ne sont pas comme les autres; ceux-ci sont de la tribu des Français... Ils soignent les malades, ils font de beaux villages, ils enseignent de grandes choses, ils aiment les hommes noirs. Ils sont chez moi depuis plusieurs lunes, et, parce que tu es mon ami, je les ai amenés...

— Tu veux me vendre, s'écrie Bwambwara : le blanc prendra mes hommes, mes femmes et mes enfants !

— Le blanc ne fait pas d'esclaves. Quant à tes femmes, il n'en veut pas : je lui en ai offert moi-même, et il m'a répondu qu'il est l'homme du Dieu d'en haut, que les femmes parlent trop et qu'elles l'empêchent de prier...

— Eh bien ! conclut le vieux chef, je recevrai tes amis s'ils veulent être frères de sang ! »

A cette proposition inattendue, je répondis qu'il était déjà tard, que le lendemain nous pourrions de nouveau tenir conseil; que, pour le moment, nous avions faim. Aussitôt Bwambwara nous fit donner quelques poules que nous mîmes à la broche, et après notre souper nous nous endormîmes près de nos bagages en recommandant notre affaire à saint Joseph.

Le lendemain, mêmes propositions que la veille : « Si vous voulez rester, soyons frères de sang ! » Je dis que nous étions venus, en effet, pour être les amis et les frères de Bwambwara et de tous ses hommes; mais, comme il n'était pas de la tribu des Wadoés et habitué comme eux à manger de la chair humaine, le sang d'un blanc pourrait lui paraître de mauvais goût et le rendre malade. « C'est vrai, dit-il; mais voici ton ami Kingarou qui peut répondre pour toi. — J'y consens, » fit Kingarou. Et aussitôt les préparatifs commencèrent.

Cette cérémonie de la fraternisation, à laquelle j'ambitionnais peu de me soumettre, mais qui d'ailleurs, il me semble, n'a aucun caractère superstitieux, est universellement pratiquée dans ces pays et jouit d'une grande faveur auprès des indigènes. On la dit d'origine sémitique et en usage chez plusieurs tribus sauvages de l'Asie. Peut-être a-t-elle été introduite chez les fils de Cham par les Arabes païens, qui fréquentaient cette côte bien avant l'apparition de Mahomet. Quoi qu'il en soit, elle est ici depuis très longtemps pratiquée entre des personnes qui veulent contracter une amitié étroite et solennelle. Si pourtant cette amitié vient à se rompre, une cérémonie nouvelle a lieu, car le sang échangé porterait malheur aux parjures. Comme le cérémonial de cet acte important peut n'être pas sans intérêt, le voici.

Quand deux hommes veulent devenir « frères de sang », on commence par tuer une poule, et après l'avoir plumée, on la partage en deux : le foie est mis à part. — Faut-il faire remarquer ici que nous lisons la même chose à peu près dans la Genèse? Lorsque Abraham, en effet, sortit d'Ur en Chaldée pour se rendre en Palestine, Jéhovah lui promit de donner cette terre à sa postérité. Le patriarche ayant donc pris une génisse, une chèvre et un bélier, avec une tourterelle et une colombe, *partagea en deux* chacune de ces victimes et plaça les parts vis-à-vis l'une de l'autre. Or, dans la nuit, une flamme passa au milieu des victimes ainsi divisées; à ce signe Abraham reconnut que l'alliance était ratifiée par l'Éternel (*Genèse*, xv). Comme les Hébreux, les Grecs disaient ὅρκια τέμνειν, et les Latins *fœdus ferire,* « couper, frapper une alliance. »

Cependant les deux parts de la volaille, ayant été séparées, furent embrochées dans un morceau de bois et rôties sur de la braise, ainsi que le foie. Bwambwara et Kingarou quittent alors leurs habits, le pagne excepté, se lavent, vont s'asseoir à terre, l'un plaçant une jambe sur celle de l'autre, et réciproquement. Une ficelle, dont ils tiennent les bouts entre les dents, les unit entre eux, et chacun garde dans sa main droite la moitié du foie rôti de la volaille. Sur la tête des chefs, deux notables du village tiennent d'une main un *zimé* (espèce de sabre) et de l'autre un couteau. (Voir la gravure, p. 61.) Puis, promenant lentement le couteau sur le *zimé,* comme pour l'aiguiser :

« Bwambwara, disent-ils, Kingarou t'a amené deux blancs. — Hé! répondent les deux chefs.

« Ils demandent à faire leurs cases sur la terre de Bwambwara. — Hé!

« Bwambwara les recevra et leur donnera des champs dans Mbouzini. — Hé!

« Bwambwara ne leur nuira point et il empêchera de leur nuire. — Hé!

« Les blancs seront les amis de Bwambwara. — Hé!

« Ils seront ses frères. — Hé!

« Ils ne prendront point notre pays. — Hé!

« Ils ne voleront point nos femmes. — Hé!

« Ils ne nous feront aucun mal. — Hé!

« Et si Bwambwara n'agit pas comme il a dit, Bwambwara en répondra. — Hé!

« Et si les blancs n'agissent pas comme ils ont dit, Kingarou en répondra. — Hé! »

Les notables passent plus rapidement les couteaux sur les sabres, élèvent la voix et continuent en déroulant la formule ordinaire de l'acte de *fraternisation,* formule que j'ai recueillie ensuite et dont je donne la traduction littérale :

« Bwambwara se fait frère avec les blancs. — Hé!

« Ne nous faisons pas frères pour nous tromper. — Hé!

« Bwambwara les aidera et les aimera. — Hé!

Fondation de la mission de Mandéra. (P. 36.)

« Des frères s'aiment. — Hé !

« Si ton frère te donne de sa nourriture, mange-la. — Hé !

« S'il cache son bien, ne le dis pas. — Hé !

« Si nous recevons des richesses, réunissons-les. — Hé !

« Si tu vois un ennemi qui doit offenser ton frère, ne dis pas où est ton frère. — Hé !

« Si tu vois un endroit mauvais, dis à ton frère : Ne va pas là ! — Hé !

« Si tu vois un endroit bon, dis à ton frère : Va. — Hé !

« Si tu vois un endroit dangereux, dis à ton frère : Retire-toi. — Hé !

« Et si un étranger vient, mangeons-le ! — Hé ! »

Les couteaux passent et repassent plus rapides, la voix s'élève, et sous le vieux baobab qui couvre cette scène de son ombrage tout le monde fait silence.

« Que le lion l'avale ! — Oui.

« Que le tigre le dévore ! — Oui.

« Que le serpent le morde ! — Oui.

« Que le buffle l'écrase ! — Oui.

« Que le couteau le coupe ! — Oui.

« Que ses boyaux se tordent et qu'il meure ! — Oui.

« Qu'il soit aveugle et qu'il ne voie pas ! — Oui.

« Que son pied se casse et qu'il ne marche pas ! — Oui.

« Que sa main sèche et qu'il ne puisse saisir ! — Oui.

« Que son corps pourrisse ! — Oui.

« Qu'il meure ! — Oui.

« Qu'il sorte du monde ! — Oui.

« Qu'on ne le voie plus ! — Oui.

« Que le morceau de foie qu'il va manger l'empoisonne ! — Oui.

« Oui, que tous ces maux fondent sur lui. — Oui.

« Sur celui qui n'aimerait pas son frère ! — Oui.

« Et que celui qui veut ainsi mange le *soga* (le foie de poule) ! »

« Assez ! s'écrient les notables : — Assez ! » répondent les chefs. Aussitôt celui qui a tué la poule donne un coup de couteau sur la ficelle et la coupe en deux. Il fait ensuite trois ou quatre incisions dans la peau du creux de l'estomac des contractants, de manière que le sang coule, et il leur présente une poignée de sel. Ceux-ci en mettent un peu sur leurs incisions, imprègnent le foie rôti du sang qui coule et se présentent mutuellement le morceau de l'alliance, le *soga*. Les chefs le mangent : les voilà *frères* éternellement.

Quand la cérémonie de fraternisation fut achevée, Bwambwara s'avança vers nous : « Maintenant, dit-il, je sais que vous ne pensez point le mal, et je suis heureux. Venez avec moi, nous parcourrons le pays et vous prendrez ce qui vous conviendra. » Cet homme, en effet, me paraissait entièrement changé.

Profitant de l'offre, nous partîmes aussitôt pour visiter à l'ouest la rivière Kikula et la vallée qu'elle arrose. Cette rivière, affluent du Wamé, est très rapide et très forte à la saison des pluies ; elle vient du nord et prend sa source entre les pics du *Kilima Mganga* (montagne du sorcier) et le *Kilima Zambi* (montagne du crime), barrières naturelles qui s'élèvent entre l'Ouzigoua et le pays assez mal famé des Wakawafi et des Wakamba. Son eau, qu'elle roule à travers des rochers de quartz et de grès, est limpide et poissonneuse ; les pierres sont couvertes de larges huîtres nacrées et de moules énormes ; devant nous, les hommes qui nous accompagnaient ont pris des anguilles et des poissons ressemblant à des brochets. La vallée de la Kikula est d'une végétation splendide et d'une incroyable fertilité. Çà et là, mais à une assez grande distance les uns des autres, des villages sont perchés sur les collines ou cachés dans les broussailles de la plaine. C'est sur les bords de cette rivière que nous pourrions nous établir, et nous avons jeté les yeux sur un endroit qui nous paraît bon, à deux lieues du chemin des caravanes qui viennent de Sadani ou qui s'y dirigent, et sur des hauteurs appelées *Hessoswé*. Le terrain ne manque pas, et on y pourrait former de beaux villages. Dans la forêt, les bois de construction abondent, et dans les rochers on remarque beaucoup de fer et un autre minerai plus lourd, plus dur, moins brillant, et dont je n'ai pu reconnaître la composition, se dressant en gros blocs parmi les rochers de quartz blanc et détachant de là ses masses noires; j'avais cru d'abord avoir trouvé du charbon de terre.

VII

EN ROUTE POUR MHONDA — PIÈCE A GIBIER — ÉCHAPPÉ BELLE
LE WALÉ — SURPRISE ET JOIE A NOTRE ARRIVÉE

Après nous être fixés sur l'emplacement de la station future, nous revînmes à notre camp, et nous fîmes nos préparatifs de départ pour le lendemain; car le dimanche suivant nous devions être à Mhonda. J'offris donc quelques cadeaux à mon vieux « frère » Bwambwara et à ses fils, des pièces d'étoffe, un bonnet de chef, des verroteries; je reçus en retour un beau mouton et du riz pour nos gens; nous quittâmes le village avec l'espoir de le revoir bientôt et de planter la croix sur les hauteurs qui l'entourent. Je priai Kingarou, qui ne pouvait plus nous être utile, de retourner chez lui, et notre petite caravane se dirigea vers le nord, accompagnée de Bwambwara et d'un de ses hommes qui devait nous servir de guide. Deux heures après, nous nous rabattions vers le nord-ouest et nous traversions la Kikula. Le vieux chef nous quitte alors en nous prodiguant les marques de son affection fraternelle; il nous dit que, lorsque nous reviendrons, nous trouverons pour nous une case bâtie sur un terrain défriché : j'ai su depuis qu'on travaille, en effet, à notre installation et qu'on nous attend avec quelque impatience.

Pour nous, nous continuons notre marche à travers la forêt et les hautes herbes, d'où se lèvent à tout moment des troupeaux de zèbres et d'antilopes. De distance en distance nous remarquons des clôtures faites avec des branches et autour desquelles sont ménagées de petites issues; à l'intérieur une légère couche de feuilles recouvre des fosses profondes. Malheur au gros gibier qui s'aventurera dans ces parages! Sur le flanc et le sommet des montagnes, notre attention est attirée par d'énormes blocs de quartz blanc et de grès sur lesquels brillent au soleil de larges plaques de mica; derrière se dressent des roches toutes noires, très dures, et dont nous avons peine à détacher quelques éclats à coups de têtes de haches. Après avoir fait une courte halte devant un village fortifié, Pafé, dont les habitants se sauvent à notre approche, malgré les cris que nous jetons pour les rassurer, nous remplissons nos gourdes dans une mare d'eau croupissante, et nous nous dirigeons au nord de Matongou sur le chemin des caravanes. Nous y arrivons à une heure : il se déroule à travers une grande plaine dont le sol, formé d'une couche imperméable, est couvert d'eau pendant la saison des pluies et qui, à la saison sèche, est d'une aridité désolante. Toute la végétation se compose d'herbes grêles, de quelques arbres rabougris et de touffes assez nombreuses d'*acacia horrida*, dont les girafes viennent tondre les feuilles. Sous ce soleil de plomb, que la marche est pénible! Heureusement nous avons la bonne fortune de trouver dans un rocher isolé, de huit à dix mètres de haut sur une centaine de large, une caverne où dort une eau limpide et fraîche dont nous saluons la présence avec délices. Nous écartelons une poule et nous déjeunons là. Nul incident jusqu'à Mséré, sur le Wamé, où nous arrivons vers

La fraternisation ; d'après un dessin du R. P. Le Roy. (P. 52.)

quatre heures. Toutefois, en passant entre deux rochers, au *Kilima Nyani* (montagne du singe), des rugissements prolongés nous avaient avertis que nous n'étions pas seuls en ce triste canton.

Dans la soirée, j'allai, avec le P. Hacquard, dire mon bréviaire vers le fleuve, sur les bords duquel m'attirait d'ailleurs un souvenir personnel : c'était là que, cinq ans auparavant, j'avais failli tomber sous la dent d'un crocodile qui m'avait surpris dans les roseaux au moment où j'essayais de photographier un reste de pont de lianes. Mais il ne put emporter de moi qu'un morceau de soutane : maigre déjeuner.

Le lendemain, nous reprîmes notre chemin sur un plateau boisé et marécageux où nous fîmes rencontre d'une caravane de Wangamwézi chargés d'ivoire, et où je fus victime d'un accident singulier. Souffrant un peu de la soif, je pris le gobelet que j'avais en poche et le lavai rapidement. Quand il put, comme les verres du festin célèbre,

Témoigner par écrit qu'on l'avait bien rincé,

je bus un peu d'eau; mais aussitôt j'éprouvai un léger malaise, et dix minutes après j'étais pris de violents vomissements, comme si j'eusse avalé la plus forte dose d'émétique. L'accès dura un quart d'heure. D'où venait cette aventure? Simplement d'une petite branche que, pour exciter un peu mon âne, j'avais arrachée en passant à un arbuste desséché. Les traces laissées dans le gobelet par la main qui l'avait tenue avaient suffi pour déterminer ces vomissements inattendus. Malheureusement j'avais jeté cette branche dans les herbes et perdu de vue l'arbuste auquel je l'avais empruntée. Nous aurions eu là, si je l'avais retrouvée, un vomitif qui eût avantageusement et économiquement remplacé ceux dont dispose la pharmacie de la mission.

Après avoir fait une courte halte à *Kidoudwé,* village important, mais qui était alors en grand deuil à cause de la mort récente de son chef, nous nous dirigeâmes vers le *Walé.* Cette rivière, qui se jette dans le Wamé à quelque distance de là, prend sa source entre les pics de *Mganga.* Elle arrose de nombreux villages bâtis sur ses bords, et reçoit un grand nombre de torrents qui, pendant la saison des pluies, descendent avec fracas du *Ngourou,* emportant dans leur course des arbres et des rochers. Les berges de cette rivière sont élevées, et dans la *masika* (saison des pluies) il n'est pas possible d'y trouver un gué praticable. Pour nous, à l'époque où nous voyagions, nous pûmes passer sans difficulté, avec de l'eau jusqu'à la ceinture. Une marche forcée à travers les sentiers de la montagne et sous une pluie battante nous conduisit ensuite jusqu'à *Mhonda,* où notre arrivée surprit et réjouit grandement la petite colonie chrétienne : c'était le samedi soir.

VIII

La mission de Mhonda est établie sur le Ngourou, dans une position magnifique. De tous côtés les montagnes succèdent aux montagnes, cachant dans leurs flancs de petits villages de dix, quinze et vingt cases, et montrant tantôt des rochers nus, tantôt des forêts où l'on trouve en abondance des bois de construction, tantôt des broussailles où poussent pêle-mêle les fougères, les ananas, les bananiers, les ignames, les framboisiers et les vignes sauvages. A trente mètres de la mission passe le Kouloula, qui va se jeter dans le Walé et dont l'eau claire, fraîche, délicieuse, n'est pas le moindre agrément de l'endroit. Ce torrent n'est jamais à sec; mais, faible pendant la saison sèche, il devient très fort à la saison des pluies, et roule avec un épouvantable fracas les rochers qu'il détache de la montagne.

Au loin l'œil se repose délicieusement sur la plaine de Kidoudwé. Le matin, un brouillard se forme en bas, s'étend, couvre toute la vallée; pendant que les rayons du soleil essayent de le pénétrer, produisant parfois des effets superbes, les nuages montent, montent, se jettent dans les gorges, envahissent bientôt tout le Ngourou. Mais à huit heures le soleil a déjà triomphé : les vapeurs se dissipent, et jusqu'à trois et quatre heures de l'après-midi la chaleur est très piquante. Alors le soleil disparaît à son tour derrière les montagnes, et la soirée est fraîche, la nuit presque froide.

C'est là que le P. Horner voulut établir, il y a quelques années déjà, une mission qu'il dédia au sacré Cœur de Jésus. Jeté sur ces hauteurs dans l'espérance qu'il deviendrait un grand arbre, ce grain de sénevé a déjà essuyé de rudes tempêtes. Le Père chargé de la fondation de cette station nouvelle a d'abord été obligé de rentrer en France pour essayer de refaire sa santé, délabrée par les fatigues et les privations, et l'année dernière un frère y est mort.

Peu de temps après, quelques petits chefs ambitieux et turbulents, jaloux du relief que notre présence donnait à Gosso, chef de Mhonda, homme intelligent et notre protecteur dévoué, se sont mis en guerre et se sont portés contre nous... Heureusement, sur la demande du consul de France, le sultan de Zanzibar a envoyé des soldats pour rétablir la paix entre les chefs. La paix s'est faite; mais une nuit le feu a incendié notre magasin et quelques-unes de nos cases, dévorant en quelques heures toutes les provisions de l'année; plus tard, notre bon et brave Gosso a été tué dans une embuscade. Il connaissait déjà les éléments de notre sainte religion, et nous avons confiance que le désir qu'il avait du baptême en a fait au ciel le premier élu et le premier protecteur de la mission de Mhonda. Gosso n'a pas encore de successeur; chaque jour on vient pleurer sur sa tombe, et on attend la fin du deuil pour nommer un autre chef.

Cependant cette station commence à donner quelques

consolations aux missionnaires. Il y a un petit village chrétien dont l'influence se fait déjà sentir au loin : outre les courses et les visites que fait le P. Machon, supérieur de la mission, et qui ne sont jamais sans profit, plusieurs païens viennent tous les jours assister au catéchisme et se faire instruire; les dimanches et les jours de fêtes, on les trouve toujours aux offices.

Pendant mon séjour à Mhonda, j'ai eu la consolation de donner la confirmation à sept adultes : pour les préparer à bien recevoir ce sacrement, on leur a fait faire une petite retraite, à laquelle ont pris part tous les chrétiens du village. Le jour de la cérémonie, fête de la Purification de la sainte Vierge, des païens en grand nombre sont accourus, approuvant du geste et de la voix ce qui se faisait et se disait, et expliquant à leur manière le sens des cérémonies qu'ils voyaient. Malheureusement on ne peut donner aux fêtes religieuses tout l'éclat qui conviendrait : les ornements font défaut, et l'état de la chapelle est déplorable. Le bois ayant été rongé par les insectes, qui dévorent tout dans ce pays, le vent l'a presque renversée. Ce n'est point la tour penchée de Pise; mais elle la surpasse en ceci qu'elle est plus penchée qu'elle! En ce moment les missionnaires sont à l'œuvre pour élever un autre sanctuaire, plus solide, plus digne, plus convenable. Que n'ai-je les ressources nécessaires pour leur venir puissamment en aide! Ce n'est pas un monument qu'ils veulent construire; cette église est la première et la seule qui ait été dédiée au sacré Cœur de Jésus dans cet immense pays et sur ces montagnes sauvages; ils voudraient qu'elle fût plus digne de lui. Chrétiens et païens rassemblent déjà des pierres et vont chercher des arbres; aux âmes généreuses d'Europe, dévouées au sacré Cœur, de nous venir en aide.

Pendant notre séjour à Mhonda, nous reçûmes la visite des différents chefs des environs. De part et d'autre il y eut grand échange de politesse et de cadeaux; mais nous ne pûmes cependant féliciter de sa conduite l'un d'eux, Madchinja, de Kidoudwé, qui venait de brûler deux hommes, désignés par les sorciers comme auteurs de la mort de Makoumoulo, son frère : le seul maléfice qui avait tué Makoumoulo était la vieillesse.

Kingarou, chef de Mandéra. (P. 39.)

IX

DÉPART POUR L'OUZIGOUA — LE PONT DE LIANES — AUX PRISES
AVEC LA SOIF — PETITES TORTUES

Le 8 février, après avoir fait nos adieux aux missionnaires et aux chrétiens, nous nous remîmes en route. Notre
intention était d'aller voir Simba-Mwéné (Lionne souveraine), reine de l'Ouzigoua, établie au pied des montagnes
de l'Ourougourou, au sud de Mhonda. Après avoir de
nouveau traversé le Walé et rejoint le chemin des caravanes, que nous quittâmes bientôt, nous pûmes, malgré
un fort accès de fièvre qui avait repris le P. Hacquard,
arriver jusqu'à la rivière de Mkindo, affluent du Wamé,
et camper dans un petit village du même nom, où le chef
Mangote nous reçut très bien. Le lendemain, à six heures,
nous passions la rivière avec de l'eau jusqu'à la ceinture,
et après deux heures de marche dans une plaine couverte
d'une végétation luxuriante, nous arrivons au Wamé. Le
Wamé est un large et beau fleuve qu'il fallait aussi traverser; mais comment faire?

Il y avait bien là un pont; mais, en l'apercevant, chacun
dut se dire que ce pont était plutôt fait pour jeter à l'eau
les passants que pour leur permettre d'aller d'un bord à

l'autre. Deux grosses lianes qui se dirigent parallèlement au travers du fleuve et en rejoignent les deux rives sont maintenues à égale distance l'une de l'autre par quelques bâtons; là-dessus, dans le sens de la longueur, on a disposé de petites gaulettes qui forment le plancher du pont. Deux autres lianes attachées aux deux bouts à des branches d'arbres, et soutenues encore par d'autres qui descendent d'en haut, servent de garde-fous. Tel est ce pont suspendu : au-dessus passent les hommes, au-dessous regardent les crocodiles; une liane les sépare. (Voir la gravure p. 81.)

Étant donc arrivés là, les porteurs déposent leurs charges, font leurs réflexions, tiennent conseil et finissent par conclure : « Les lianes sont pourries, nous ne pouvons pas monter dans les arbres avec nos charges; pour aller sur ce pont nous ne sommes pas des oiseaux. Maître, nous ne passerons pas... » A vrai dire, je n'étais pas moi-même très rassuré; mais que faire? Impossible de reculer. Après avoir donc improvisé des harangues dans tous les genres, je terminai la dernière à peu près comme il suit : « Toi, Mwényi-Kondo (c'était le plus vantard de nos porteurs), tu nous dis tous les jours que tu as fait de grandes choses : si tu passes, nous te croirons; mais si tu ne passes pas, nous te tiendrons pour un menteur et un lâche, et de Zanzibar jusqu'au Tanganika on dira que tu as eu peur de traverser une rivière sur un pont, et les femmes te cracheront à la face! » Heureusement cette apostrophe assez malhonnête fut approuvée de tout le monde, et Mwényi-Kondo répliqua : « Je suis un homme et je passerai; mais si ma charge tombe, je n'en réponds pas. » Le pauvre diable se mit en devoir de monter sur le pont, tremblant de tous ses membres et répétant : « Je n'ai pas peur! » Il arrive sur les lianes redoutées, pendant que les porteurs le considèrent dans un morne silence : les cra-

quements commencent à se faire entendre, quelques gaulettes se brisent et tombent; chaque pas que fait notre
homme met le pont en mouvement d'un bout à l'autre;
mais enfin il arrive, et, encore tout dominé par la frayeur,
il s'écrie d'une voix qu'il essaye de rendre forte : « Mwényi-
Kondo est un homme : que ceux qui le sont fassent
comme lui! »

Mon heure était venue : il fallait passer. Je montai sur
l'arbre d'où partaient les lianes, et je m'avançai avec un
certain air d'intrépidité qui n'était pas tout à fait l'expression de mes dispositions intérieures. En fait, n'ayant pas
pensé à ôter mes bottes, je glissai cinq ou six fois, et,
ayant de plus essayé de me soutenir au moyen des lianes
servant de garde-fous, je m'aperçus bien vite qu'elles
s'écartaient de manière à me faire perdre l'équilibre et à
me jeter dans le fleuve; cependant, après avoir fait la
moitié du chemin debout et l'autre moitié à genoux, j'arrivai. Le P. Hacquard profita de l'expérience acquise à
mes dépens, et fut bientôt suivi de toute la caravane;
mais plus d'un porteur paya un camarade plus courageux
pour lui transporter sa charge.

Restait l'âne, et c'était bien le voyageur le plus difficile à
convaincre. Du bord où nous étions arrivés nous essayâmes
de faire passer une corde, par le pont, sur l'autre rive; les
arbres et les broussailles nous en empêchèrent. Une pierre
fixée à une ficelle, qui elle-même était attachée à la corde,
fut plusieurs fois lancée vers l'autre bord; elle n'arriva
pas. La corde elle-même fut chargée dans un fusil, moyen
extrême qui ne réussit pas mieux que les précédents. Enfin
un noir de l'endroit, auquel nous avions payé le droit de
péage, s'offrit pour passer le fleuve à la nage avec la corde
et le repasser avec l'âne, le tout moyennant deux dotis
(16 coudées d'étoffes).

« Mais les crocodiles?

— Je ne les crains pas : lorsque j'ai fait ce pont, j'ai fait alliance avec eux, et depuis nous ne nous sommes jamais fait de mal... »

Il se précipite aussitôt dans le fleuve, faisant grand tapage avec ses bras et ses jambes, pendant que nous tirions des coups de fusil pour effrayer ses monstrueux amis. Il arrive, attache la corde au cou de l'âne, le jette à l'eau, et nous hâlons aussitôt le malheureux bourriquet, qui disparaît complètement, mais pour reparaître bientôt, un peu ébahi, frais et dispos néanmoins comme au sortir d'un bain qu'il eût désiré.

Le Wamé était passé. Après avoir pris un peu de repos, pendant lequel chacun prouva qu'il avait été le plus vaillant, la caravane se remit en marche, et tout en chassant devant elle plusieurs troupeaux d'antilopes et de *nghiri* (sangliers à poils roux et à fortes défenses), elle arriva, à travers les hautes herbes et les forêts, au village dont Mwana-Moule est le chef. Voulant mettre à profit pour le voyage le clair de la lune et la fraîcheur de la nuit, nous partîmes de là à minuit et demi, précédés d'un guide qui devait nous conduire chez Kigouti, chef d'un autre village bien fortifié, où nous arrivâmes, en effet, à trois heures et demie du matin. On appelle le chef, qui refuse d'ouvrir; force nous est donc de rester au pied du mur jusqu'au jour. A six heures on ouvre enfin la porte, et le chef paraît. Il accepte très volontiers une tasse de café, et de mauvaise grâce, moyennant seize coudées d'étoffes, il nous accorde deux guides pour nous conduire chez Gombo; nous partons à sept heures.

Cette journée devait être la plus pénible, une journée d'épreuves et de privations atroces, une vraie journée d'Afrique. Nous suivons d'abord un petit sentier qui dis-

paraît après une heure de marche au milieu d'un épais
fourré. Nos guides nous engagent alors dans un affreux
canton où l'on ne trouve plus que des arbres rabougris,
une végétation maigre et triste qui a peine à sortir d'un
sol desséché, des acacias de toute espèce, des broussailles
horribles, des lianes épineuses, et, comme si les arbustes
ne suffisaient pas pour exercer la patience du voyageur,
les feuilles de certaines herbes elles-mêmes sont munies
en dessous de petits piquants, en forme de griffes de chat,
qui accrochent les habits et font aux jambes et aux mains
de terribles petites blessures. Oh! qui nous rendra les
épines d'Europe, les ronces et les orties!... Ici d'ailleurs
plus de chemin, plus de sentier; seules des traces d'animaux sauvages nous permettent d'avancer; mais bien
souvent, après nous être engagés à l'aventure, nous sommes
forcés de revenir sur nos pas. De temps à autre nous apercevons des troupeaux de girafes, de zèbres, d'antilopes, de
buffles; nous relevons même quelques larges traces d'éléphants; mais personne ne se sent le courage de poursuivre
ces animaux, qui filent devant nous ou se tiennent fièrement à distance. Il n'est pas encore midi, le soleil est
brûlant; les porteurs, fatigués et dévorés par la soif,
cherchent de l'eau dans tous les trous sans pouvoir en
trouver nulle part. Bientôt les guides nous déclarent qu'ils
ne veulent pas aller plus loin, de peur de ne pouvoir
rentrer avant la nuit et d'être surpris dans la forêt. « Du
reste, ajoutent-ils, nous n'avons qu'à nous diriger vers la
montagne que nous apercevons devant nous, et où nous
arriverons bientôt. » Persuadés comme eux de leur inuti-
lité, nous les laissons partir, et nous pressons le pas pour
rejoindre le plus tôt possible le but indiqué; mais plus
nous marchons, plus il semble reculer devant nous; tous
nos pas nous paraissent être des pas en arrière. A trois

heures, les porteurs avouent qu'ils n'en peuvent plus, qu'ils meurent de soif et qu'il leur est impossible d'avancer.

Nous nous arrêtons sous quelques touffes d'arbres misérables, et par hasard je trouve dans les herbes une espèce d'oseille et des pieds de vigne sauvage dont je coupe les sarments; quelques-uns mâchent ces feuilles, mais d'autres ne le peuvent pas, tellement leur langue est desséchée. Il restait encore près de trois verres d'eau dans ma gourde; j'en donne une gorgée aux plus souffrants, et nous nous remettons en marche. Mais peu après les porteurs, l'un après l'autre, déposent leurs charges, s'allongent dans les herbes et restent là. « Prenez patience, leur disons-nous, nous allons en avant vous chercher de l'eau. — Pour en trouver, reprend l'un d'eux, qui autrefois avait été esclave dans le pays, vous avez encore à traverser six montagnes et six vallées. »

Sur cette perspective encourageante, nous partons à la découverte, le P. Hacquard et moi, suivis de trois de nos chrétiens. Nous marchons, nous marchons toujours, essayant de tromper un peu notre soif en prenant quelques gouttes d'eau-de-vie. Exténués, nous arrivons enfin dans un ravin où la végétation plus verte nous paraît d'un bon augure; et de fait, entre des rochers nous trouvons, dans une excavation naturelle, une eau limpide et fraîche. De l'eau, de l'eau!... nous avions de l'eau!

Nous nous désaltérons avec délices et tirons aussitôt quelques coups de fusil pour avertir nos porteurs qu'ils vont être secourus. Vite tous les vases que nous avions apportés sont remplis, et nos trois hommes vont à la recherche des autres. Le premier qu'ils rencontrèrent fut un catéchumène récemment racheté de l'esclavage par le P. Hacquard, au moyen d'une petite somme d'argent qu'il s'était procurée en collectionnant des insectes : le

La cuisson du pombé, d'après un dessin du R. P. Le Roy. (P. 42.)

pauvre enfant avait marché tant qu'il avait pu; mais,
vaincu enfin par la fatigue, il s'était couché sous un
arbuste et il attendait. Le Père lui avait confié une gourde
pleine d'eau qu'il avait gardée pour le cas où nos recherches
auraient été infructueuses. L'enfant mourait de soif, et il
avait laissé la gourde intacte. Depuis il a été baptisé sous
le nom de Pierre.

De six à sept heures, tous nos hommes nous rejoignirent
autour du bassin, et chacun y but à longs traits cette eau
que l'on dédaigne quelquefois, mais que rien ne remplace,
et dont j'ai moi-même apprécié rarement la valeur mieux
qu'en ce jour terrible. Cependant nous trouvâmes dans ce
bassin autre chose que de l'eau : de toutes petites tortues,
plates, vives, légères, qui, m'a-t-on dit, ne deviennent
jamais plus grandes qu'une pièce de cinq francs. (Voir la
gravure page 85.) J'en ai rapporté sept à Bagamoyo; elles
vivent depuis lors dans un bocal plein d'eau et avalent
avec beaucoup d'avidité les petits morceaux de chair crue
que je leur donne de temps à autre.

Nous en aurions pris davantage, mais il paraît que c'est
le *génie de la source,* et les habitants d'un village voisin,
le village de *Gombo,* que précisément nous cherchions,
descendant armés et poussant de grands cris, nous eurent
bientôt avertis que nous avions à nous tenir sur nos gardes.
Nous les rassurâmes facilement, et l'accueil que nous
reçûmes de leur chef fut convenable. Du reste, personne
ne se montra exigeant. Après avoir jeté les bagages sous
la varangue d'une case, chacun se laissa tomber à terre
comme un morceau de plomb, sans penser même à
prendre un peu de nourriture. D'ordinaire les porteurs
faisaient la causette bien avant dans la nuit : ce soir-là,
le silence fut observé comme dans un couvent de car-
mélites.

Pont de lianes sur le Wamo, d'après un croquis du R. P. Le Roy. (P. 72.)

X

Le lendemain, le soleil se leva comme il en a l'habitude, mais non point nos hommes.

« Maître, disaient-ils, nous ne pouvons point partir aujourd'hui : nous perdrions nos membres en chemin ! »

A vrai dire, nous étions aussi fatigués qu'eux, et nous fûmes heureux de profiter d'une petite pluie qui tomba toute la matinée pour prendre encore un peu de repos. Dans l'après-midi, à deux heures et demie, nous partîmes, et, après avoir traversé de belles vallées fertiles et cultivées, des bosquets naturels, des forêts giboyeuses, après avoir passé l'Oughéringhéré, puis le Mrogoro, nous arrivâmes enfin chez *Mwana-Goméra*.

Si, dans l'Ouzigoua, il y avait des quenouilles et des sceptres, il faudrait dire que « le sceptre est tombé en quenouille », car *Simba-Mwéné* (la Lionne souveraine) est reine de tout l'Ouzigoua, et Mwana-Goméra est son mari. Mais, hélas ! depuis que la discorde est entrée dans ce monde, elle est allée bien loin, et tant s'en faut que l'union de ce couple royal ait été « tissue d'or et de soie ».

La femme disait : « Je suis reine ! » Et le mari : « Puisque j'ai une reine pour femme, je dois être roi. » La querelle dura longtemps, et nul ne peut dire combien de paroles regrettables furent échangées, combien d'exemples fâcheux donnés au peuple, combien de vases cassés dans le ménage. A la fin, le sultan de Zanzibar fut appelé comme arbitre, et il prononça une séparation de corps et de biens sans que l'un ou l'autre époux pût convoler à de nouvelles alliances : Simba-Mwéné resterait toujours reine, et sous son autorité Mwana-Goméra gouvernerait un district. Les choses, depuis lors, ont marché sans encombre.

Quoi qu'il en soit de ces orages passés, Mwana-Goméra est aujourd'hui un gros, gras et bel homme de cinquante ans environ, aimant fort à causer et à rire, et noyant chaque jour ses chagrins du vieux temps dans des jarres de pombé.

Aussitôt que nous fûmes signalés, Mwana-Goméra vint à notre rencontre, portant d'une main un sabre et de l'autre une petite pioche en ébène, insigne de sa dignité. La réception fut très cordiale : il nous donna une case excellente et d'abondantes provisions, et resta à causer avec nous bien avant dans la nuit, nous faisant part, comme à de vieilles connaissances, de ses difficultés avec « son épouse ».

Voyant que j'avais affaire à un brave homme, je lui demandai s'il serait enchanté de nous avoir chez lui ; mais prévoyant que cette affaire lui causerait de nouveaux embarras avec sa royale et très susceptible compagne, il me conseilla de m'entendre d'abord avec elle, ou plutôt avec son frère Kingo, chef de Mrogoro ; car en ce moment Simba-Mwéné se trouvait à la côte, à Sadani.

Pendant que nous parlions ainsi, un crieur public

passa, hurlant dans une corne d'antilope en parcourant
les rues du village et criant à tue-tête : « Demain et après-
demain, les hommes d'ici et des alentours devront tous se
rendre chez Mwana-Goméra pour labourer ses champs et
boire son pombé. » Le lendemain', tout le monde fut fidèle

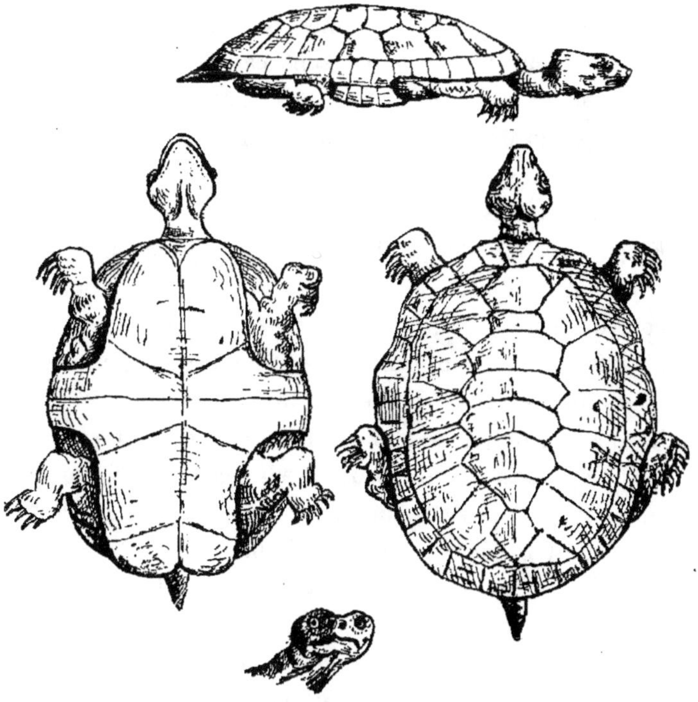

Petites tortues d'eau douce (grandeur naturelle). (P. 79.)

à l'appel, et, précédés d'un guide qui nous fut donné, nous
nous dirigeâmes vers Mrogoro.

A l'approche de la ville (il était alors près de six heures
du soir), le guide nous devança pour aller prévenir Kingo
de notre arrivée ; celui-ci, comme il le fait ordinairement
avec les étrangers, fit répondre qu'il n'était pas chez lui,

et. nous fûmes reçus par un de ses hommes, qui nous assigna une grande case où l'on s'arrêta. Cependant un de nos chrétiens de Mhonda, qui nous avait accompagnés, connaissait parfaitement ce Kingo et ses habitudes; il alla droit à sa demeure et le trouva.

« Qu'as-tu fait? lui dit-il en déroulant nos titres et en exaltant nos qualités; ces hommes, qui viennent honorer la ville de leur présence, ne sont pas des Arabes : ils savent que tu es ici, et si tu restes caché au fond de ta case, ils prendront le frère de Simba-Mwéné pour un crapaud qui ne veut pas quitter son trou. Viens, je t'aiderai à réparer ta faute. »

Kingo vint, en effet; mais grand était son embarras, et ce soir-là il se montra peu communicatif. Ce jeune homme, encore un peu enfant, disait-on, n'a guère plus de vingt ans : c'est lui pourtant qui gouverne tout le pays avec sa sœur Simba-Mwéné, à laquelle il va succéder bientôt. Par suite des difficultés qu'elle a eues, celle-ci s'est retirée à Mwhalé, à l'est de Mrogoro, où elle perçoit le *hongo* ou tribut des caravanes venant de la côte; celles qui descendent de l'intérieur le payent à Kingo.

Mrogoro est cette ville dont Cameron et surtout Stanley parlent avec enthousiasme, et qu'ils appellent Simba-Mwéné, du nom de la princesse qui l'habitait lors de leur passage : cette erreur est d'autant plus excusable que plusieurs villages de ces pays prennent, en effet, le nom de leurs chefs.

Cette ville, comme je l'ai dit, est la capitale de la vaste province de l'Ouzigoua; elle a été bâtie sur un plan et dans des proportions magnifiques par Kisabengo, un esclave devenu roi, père de la sultane actuelle. Le génie de cet homme n'eut d'égal que sa scélératesse.

Quoique quelques ruines commencent à paraître, Mrogoro présente au voyageur un coup d'œil d'ensemble qui, en Afrique, étonne et impose. Elle est comprise dans un mur en pierres bien construit et haut de plus de quatre mètres : ce mur forme un vaste carré, dans chaque côté duquel on a pratiqué une entrée, fermée pendant la nuit par une grosse porte en bois sculpté. Cette enceinte contient la maison du roi, des ministres et des principaux habitants. En dehors et tout autour s'étend comme une seconde ville, protégée elle-même par un mur en torchis couvert d'une petite traverse qui l'abrite contre les pluies, et d'où l'on peut surveiller la plaine. Ce mur a la forme d'un polygone un peu irrégulier et est percé de nombreuses meurtrières ; de distance en distance, une petite porte de pièces de bois équarries, et qu'on ouvre en la soulevant, donne accès dans la ville ; le soir, toutes ces portes sont fermées et barricadées jusqu'au matin. Mrogoro est un grand centre de population ; on y trouve surtout beaucoup d'enfants, ce qu'on ne voit pas en général dans les villages de cette province, à cause des sentiments superstitieux qui portent les parents à s'en débarrasser trop souvent. Presque tous les jours on y rencontre aussi des caravanes, venant de l'intérieur ou s'y rendant ; mais, comme elles font leurs provisions dans la ville, les vivres y sont assez chers ; aux environs, on les trouve à meilleur marché. Contrairement aussi à ce qu'on voit ailleurs, il règne partout une propreté relative qui contribue beaucoup assurément à la salubrité de l'endroit ; mais ici les balayeurs et vidangeurs publics ne sont autres que des corbeaux à col blanc qui s'acquittent admirablement de leur office, et qu'il est absolument défendu de détruire.

Le temps que nous passâmes à Mrogoro fut employé à parcourir et à visiter le pays sous la conduite d'un guide ; nous fûmes partout bien reçus, et ces excursions nous

montrèrent de plus en plus l'admirable sagacité dont Kisabengo avait fait preuve en choisissant cette contrée pour
y bâtir sa capitale. La ville est située au pied des hautes
et belles montagnes de l'Ourougourou : au loin et à l'est
s'étend une plaine immense d'une richesse de végétation
extraordinaire, soigneusement cultivée et produisant en
abondance le maïs, le sorgho, la canne à sucre, les haricots, les bananes, etc. On y récoltait autrefois beaucoup
de riz; mais une année les lions étant descendus et ayant
fait de grands ravages à Mrogoro et aux environs, les sorciers jugèrent que ce genre de culture ne plaisait point
aux esprits; depuis, pas un grain de riz n'a été semé dans
la vallée. Des montagnes descendent le Mrogoro, le Mwhalé
et un grand nombre de torrents qui fournissent beaucoup
d'eau pendant la saison des pluies : tous vont se jeter dans
le Ghéringhéré, large et belle rivière qui prend elle-même
sa source dans l'Ougourou, traverse l'Oukami, et va rejoindre, au-dessous du Mpéci, le Roufou ou Kingani. C'est
ici, du reste, que s'élève la chaîne de partage des eaux
entre ce fleuve et le Wamé; elle est formée par les monts
Mindou et le Mgourou-Wa-Ndeghé (Pied de l'oiseau), au
delà desquels s'étend la province de l'Ousagara. Là coule
la Mkondogwa, qui devient plus loin la Mkata et qui, près
de Kwa-Kikougo, prend le nom de Wamé, qu'elle garde
jusqu'à son embouchure. Le Wamé reçoit encore, à gauche,
le Roudewa, le Walé et la Kikoula, arrose la base des
cônes du Pongwé, sépare l'Oudoé de l'Ouzigoua et va
mêler ses eaux à celles de la mer entre les deux villages
assez importants de Windé et de Sadani.

Des montagnes qui dominent la ville de Mrogoro, nous
ne pouvions rassasier nos regards du superbe panorama
qui s'étendait devant nous, et que je ne saurais mieux
comparer qu'à celui de la fertile Limagne, vue du Puy-de-

Dôme. Ces hauteurs sont, comme la plaine, couvertes de petits villages populeux et bien tenus; la température y paraît bonne et le climat salubre : une mission trouverait là, je crois, tous les éléments nécessaires pour prospérer et s'étendre. Nous jetâmes les yeux sur un endroit magnifique, situé sur un plateau au pied duquel coule un large ruisseau qui descend de la montagne, et dont les eaux limpides et fraîches pourraient être facilement dirigées sur le terrain choisi : cet emplacement se trouve à trois quarts d'heure de la ville.

De retour à Mrogoro, je fis part de notre intention à Kingo, qui depuis était devenu plus libre et plus familier. Il promit tout, et lorsqu'il sut que nous étions les amis de Bwana-Héri, gouverneur de Sadani pour le compte du sultan de Zanzibar et homme de grande influence, il parut enchanté. Loin de réclamer le *hongo*, comme il en a l'habitude, il nous fit, au contraire, cadeau d'un superbe mouton, de plusieurs poules, d'une charge de riz et de cannes à sucre. Je lui offris en retour quelques pièces d'étoffe à titre d'amitié, et quand nous partîmes il vint lui-même nous accompagner assez loin.

$$XI$$

MWHALÉ — SUR LE GHÉRINGHÉRÉ — L'OISEAU A MIEL — NUIT PASSÉE
A MAHA — LA TSÉTSÉ — DE NOUVEAU A MANDÉRA ET A BAGAMOYO

Comme je désirais parler à Simba-Mwéné, qui, me
disait-on, devait être en route pour revenir, et comme
d'ailleurs je tenais à connaître le chemin de Mrogoro à
Mandéra, nous nous dirigeâmes vers ce point, et, en suivant la route des caravanes, nous atteignîmes Mwhalé, la
nouvelle résidence de la *Lionne souveraine*. Presque tous
les habitants étaient partis : hommes, femmes et enfants
étaient allés à la rencontre de leur reine. Un vieillard avait
la garde de la ville; ce fut lui qui nous reçut et qui eut
l'obligeance de nous montrer le chemin que nous devions
suivre. Après avoir traversé sans encombre le Ghéringhéré
et de nombreux torrents presque toujours à sec, nous arrivâmes sous une pluie battante et trempés jusqu'aux os à
un petit village dont Mzoungoulou est le chef; mais, ayant
demandé à voir ce personnage, nous apprîmes des habitants qu'il avait été attaqué de la petite vérole et qu'il
s'était retiré dans la forêt pour guérir ou pour mourir. En
son absence gouvernait le grand sorcier; il avait profité
de son autorité temporaire pour accuser d'avoir lancé des

maléfices un pauvre vieux qui n'était pas de ses amis et le faire brûler vif. Quelques calebasses et un morceau de linge accroché à un arbre, des tisons éteints et de grands os calcinés, indiquaient l'endroit du supplice.

Ce village, comme beaucoup d'autres en cette partie de l'Afrique, est entouré d'un *tembé,* espèce de fortification plus ou moins solide, composée d'un clayonnage recouvert de pisé et surmonté d'une petite terrasse : le *tembé* sert à la fois de grenier pour recevoir une partie des récoltes du village, de lieu d'observation pour surveiller les alentours, de rempart contre les ennemis et de moyen de défense contre les bêtes fauves. Celles-ci sont en grand nombre aux environs de *Mzoungoulou,* et, malgré notre bonne envie de dormir, nous en fûmes longtemps empêchés par le puissant rugissement du lion et les sombres ricanements des hyènes.

Le lendemain nous eûmes à traverser deux fois l'Oughéringéré, qui fait un coude en cet endroit; le passage se fit sur des arbres qui nous servirent de pont; l'âne fut jeté à l'eau. Les ruisseaux et les torrents qui rejoignent cette rivière sont très nombreux : tantôt à sec, tantôt roulant un peu d'eau, tantôt remplis d'une fange fétide, tantôt encombrés de hautes herbes et d'épais roseaux, ils retardent toujours la marche d'une caravane. Souvent nous y trouvâmes une quantité prodigieuse de poissons morts.

Cependant nous suivions tranquillement le chemin que le vieux sorcier de Mzoungoulou nous avait indiqué quand, au milieu des forêts, tout disparut : nous nous étions égarés loin de notre but, dans les sentiers pratiqués par les animaux sauvages. La caravane s'arrêta, et, pendant que deux hommes étaient envoyés à la découverte, notre attention fut attirée par le cri rapide et saccadé de l'oiseau

à miel, appelé aussi coucou indicateur. C'est un singulier
volatile que celui-là ; aussitôt qu'il nous a aperçus, il crie,
il vole de branche en branche, il avance, il revient, il demande qu'on le suive. Plusieurs de nos porteurs lui
obéissent, certains, disent-ils, de trouver une ruche

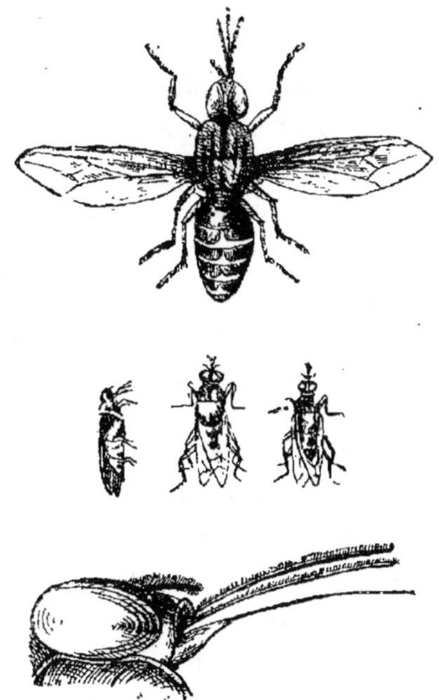

La mouche tsétsé au double de sa grandeur et de grandeur naturelle ;
tête de l'insecte considérablement grossie. (P. 95.)

d'abeilles ou quelque bête sauvage, car cet oiseau ne se
trompe jamais. Bientôt, en effet, ils aperçoivent dans un
trou d'arbre la ruche indiquée, et, après un moment d'hé-
sitation, Pierre, un de nos enfants, se décide à monter,
une hache en main. En un instant il s'empare d'un rayon
de miel ; mais les abeilles, avec l'irascibilité qu'on leur
connaît, ne tardent pas à user du droit de légitime dé-

fense : l'audacieux agresseur, assailli, piqué, harcelé, se jette par terre, et, comme s'il participait à la nature du chat, il tombe heureusement sur les mains sans se faire aucun mal. Ses compagnons de fortune sont pareillement attaqués, et bientôt la déroute est complète. (Voir la gravure p. 101.)

A deux heures de l'après-midi, les hommes envoyés à la recherche d'un chemin reviennent en annonçant leur succès, et tous les porteurs s'écrient : « *Safari ! safari !* En route ! » Une heure et demie après, nous entrions à Magole, petit village fortifié ; le chef, qui porte le même nom, était assis à l'entrée de sa forge et tressait des nattes. De nombreuses peaux de bêtes et surtout de buffles étaient suspendues au mur de sa case : ces animaux avaient été tués dans des fosses destinées à prendre le gibier, fosses que nous avions trouvées quelque temps avant d'arriver au village.

La marche du lendemain fut égayée par le chant des oiseaux, que nous rencontrâmes très nombreux sur notre passage ; le P. Hacquard et moi en fûmes d'autant plus surpris, que dans les pays chauds il est rare d'entendre les oiseaux chanter aussi bien qu'en Europe ; mais notre surprise augmenta singulièrement, lorsque nous crûmes reconnaître la voix du rossignol. Je ne saurais cependant affirmer que le rossignol existe ici ; mais ce qui est certain, c'est que ce roi des chanteurs a au Zanguebar un concurrent qui l'égale. Cette étape, du reste, fut assez pénible à cause du tourment de la soif, qu'il fallut encore endurer : nous ne trouvâmes pour nous désaltérer qu'une mare d'eau bourbeuse d'où l'on chassa un troupeau d'antilopes, et dans laquelle toutes les bêtes de la forêt avaient visiblement piétiné.

Enfin le chant du coq vint nous avertir que l'homme

habitait près de là : bientôt, en effet, nous aperçûmes le village de Maba, qui a pour chef Makunghira. Village, chef et habitants se valent tous ; ils sont d'une malpropreté qui n'a pas de nom. Dans la soirée, mais surtout la nuit, nous fûmes tourmentés, envahis par des moustiques sans nombre, des cancrelas, des carapates, des punaises, des araignées énormes, des scorpions, des scolopendres ; tout cela sortait des murs, tombait des toits, courait par terre, couvrait nos habits, nos mains, nos figures. Ma valise fut rongée, et les bottes du P. Hacquard eurent en partie le même sort. Impossible de fermer l'œil : les insectes les plus dégoûtants de la création semblaient s'être donné rendez-vous dans notre case de Maba. La veille, plus qu'en aucun autre endroit, nous avions été aussi fort incommodés par la tsétsé.

Cette célèbre et terrible mouche, qu'on appelle en kiswahili *tchafonon*, est un des plus grands fléaux de l'Afrique : on la trouve depuis le Cap jusqu'au delà de l'équateur ; mais heureusement elle est loin d'être également répartie. Sans qu'on sache pourquoi, elle habite tel et tel endroit et ne peut vivre dans tel autre ; de sorte qu'on pourrait, avec les connaissances que cette opération suppose, dresser une carte d'Afrique en précisant les cantons infectés par la tsétsé. Elle est un peu plus grosse et plus longue que la mouche ordinaire ; le mâle est plus petit que la femelle ; tous les deux sont de couleur grise et ont un bourdonnement élevé qu'il est très facile de reconnaître quand on l'a une fois entendu. Elle ne paraît pas avoir l'habitude de piquer à découvert ; maintes fois, au contraire, j'ai observé qu'elle s'introduit sous les habits, dans les manches, sous la queue des animaux, etc. Elle enfonce alors dans la peau sa petite trompe, à la base de laquelle brille, comme une imperceptible goutelette d'ar-

gent fondu dans une poche diaphane, une glande remplie de poison; deux mandibules pénètrent ensuite dans la
blessure faite par la petite tarière empoisonnée, l'abdomen se gonfle de sang, et peu après la mouche s'envole.
Cela suffit : si la bête piquée est un bœuf, un cheval, un
chien, un mouton, l'empoisonnement du sang est certain,
et la mort viendra. Ordinairement l'animal périt après un
affaiblissement graduel qui peut durer plusieurs semaines
et parfois plusieurs mois; mais, s'il est vigoureux, il est
souvent pris d'une sorte d'étourdissement furieux et va se
briser la tête contre les arbres. Des Européens ont ainsi
perdu dans ces pays soixante, quatre-vingts et cent bœufs.
Ils voulaient faire une expérience; elle leur a coûté cher.
On a écrit que l'âne jouissait du privilège de l'immunité :
j'ai peine à le croire, du moins pour les ânes qui ne sont
pas nés à l'intérieur, car nous en avons nous-mêmes
perdu plusieurs, par suite, il me semble, de la morsure de
cette terrible mouche. Ainsi le pauvre bourriquet qui nous
a rendus tant de services en ce voyage les a payés de sa
vie : il est mort quelque temps après notre retour. L'expédition belge, pour voyager à l'intérieur, s'était procuré
dans l'Inde trois éléphants apprivoisés : eux aussi sont
morts. Seuls l'homme, la chèvre et les animaux sauvages
supportent sans danger la piqûre de la tsétsé, qui du reste
démange longtemps, mais n'est pas plus douloureuse que
celle d'un moustique. La médecine homéopathique essaye,
je crois, d'utiliser ce poison, auquel on ne connaît pas
d'antidote : on dit seulement que la graisse de lion, quand
on en frotte la queue des bœufs, éloigne la tsétsé de ces
animaux. Mais le lion n'est pas toujours d'humeur à livrer
sa graisse à qui la lui demande.

Le soir, avant de nous coucher, nous avions, après d'interminables disputes, fait un arrangement avec les hommes

Entre Mrogoro et Mwaké; d'après un dessin du R. P. Le Roy. (P. 87.)

de Maba pour nous procurer un guide : le matin venu, il fallut recommencer la discussion. Fatigué, je pris le chef par le bras, et le menaçant de la colère des blancs, je lui dis :

« Puisque tes hommes sont des hyènes, tu nous accompagneras toi-même, et je te donnerai ce que je voudrai. »

Le pauvre Makunghira, tremblant, se mit à notre tête et nous partîmes ; le soir, nous étions chez Kongorido, près du Wamé et non loin des côtes du Pongwé. Comme nous ne pouvions passer le fleuve en cet endroit, et comme la route était par ailleurs impraticable, nous fîmes le tour de la montagne, qui ressemble beaucoup au Kongwé (Oukami), dont j'ai fait autrefois l'ascension avec le P. Horner et le P. Duparquet, et nous nous retrouvâmes de nouveau sur la rive droite du Wamé. Après une heure d'attente, pendant laquelle nous n'eûmes à admirer que des espèces de petites huttes bâties dans de grands arbres, et qui n'étaient autres que des nids d'énormes oiseaux aquatiques, un homme parut sur l'autre bord, mit une pirogue à l'eau et nous passa. L'âne fut jeté dans le fleuve et halé avec une corde : là encore sa vieille peau fut respectée par les crocodiles, grâce, nous affirma notre homme, à la préparation magique qu'il avait faite à cet effet. Ce vieux farceur, un peu sorcier, avait effectivement, malgré nos rires et nos protestations, mâché un morceau de bois qui lui servait de grisgris et avait craché dans le fleuve. Ce crachat avait suffi pour écarter tous les crocodiles : peut-être était-il assez malpropre pour obtenir ce résultat... Nous passâmes la nuit dans le village de Magiza, à Hodibomé, et le lendemain, guidé par des marchands de miel, nous retrouvions enfin Mandéra.

Un peu de repos nous était nécessaire : nous le prîmes à Mandéra. Quatre jours de marche à travers l'Oudoé et

la vallée fangeuse de Kingani nous ramenèrent ensuite
à Bagamoyo, d'où nous étions partis depuis près de deux
mois. Six jours après, le P. Hacquard, que la fièvre avait
souvent visité pendant le voyage et avait repris plus violemment à son retour, mourait saintement entre nos bras,
malgré tous les soins qui lui furent prodigués-nuit et jour.
Il avait souvent offert sa vie pour le salut des noirs : il
a été exaucé. Depuis, un Père et une religieuse dévouée
nous ont aussi quittés : le P. Strebler, du diocèse de Stras-
bourg, et la sœur Marie-Pierre, de l'île Maurice, pour
aller, nous en avons la consolation, recevoir la récompense de leurs sacrifices. Ce sont de grandes épreuves qui
nous ont empêchés de commencer immédiatement les
stations projetées. Le maître de la moisson connaît nos
désirs et nos besoins : que sa très sainte volonté soit
faite !...

Le rayon de miel, incident de voyage du R. P. Baur; d'après un dessin du R. P. Le Roy. (P. 94.)

XII

L'ESCLAVAGE SUR LA CÔTE ORIENTALE — LE MARCHÉ DE ZANZIBAR — NOMBRE
D'ESCLAVES QUI S'Y VENDAIENT CHAQUE ANNÉE — CONCLUSION

En terminant ce récit, il me semble utile de placer ici
une réflexion que j'ai eu souvent occasion de faire en ce
voyage, comme en ceux que j'ai entrepris les années pré-
cédentes. Cette réflexion, du reste, est celle de tous ceux
qui connaissent cette partie de l'Afrique et qui compa-
tissent aux malheurs de la race noire : jamais on ne pourra
assez déplorer les résultats lamentables du trafic de chair
humaine qui s'est pratiqué dans ces pays pendant des
siècles, et qui continue encore aujourd'hui, malgré la
défense de S. A. le sultan de Zanzibar et la surveillance
active des croiseurs anglais.

Je ne veux point peindre les abominables razzias faites
à l'intérieur, l'incendie et la ruine de villages, de provinces
entières, le meurtre et le vol de populations heureuses,
libres et pacifiques; Livingstone a écrit que la description
la plus indignée resterait au-dessous de la vérité. Mais
voici des faits dont j'ai été le témoin journalier pendant
quinze ans et que j'appuierai de quelques chiffres.

Zanzibar étant le centre de tout le commerce de la côte

orientale d'Afrique, c'est sur le marché de cette ville que l'on transportait des divers points du continent, surtout de Quiloa, la plus grande partie des esclaves enlevés dans l'intérieur : de là ils étaient expédiés en Égypte, en Arabie, dans le golfe Persique, partout. Ce commerce était lucratif, et par conséquent très recherché : il n'y avait qu'à prendre et à vendre. Aussi tous les jours arrivaient au port des boutres chargés de cette marchandise humaine : la douane en était encombrée. C'était un spectacle navrant que ces centaines de pauvres gens, hommes, femmes, enfants, vieillards, jeunes filles, ressemblant à des squelettes ambulants, abrutis par la souffrance, nus pour la plupart, ou n'ayant qu'un misérable chiffon pour se couvrir. La douane inscrivait le nombre de ceux qui passaient, car le propriétaire devait payer *tant* par tête, comme en France le fermier qui veut vendre ses bestiaux à la foire est obligé de les déclarer à l'octroi. Là les esclaves étaient remis entre les mains des encanteurs, qui tous les jours les conduisaient sur une place publique où se tenait le marché, de quatre à six heures du soir. Ils rentraient ensuite, et à la tombée de la nuit on les rencontrait par bandes dans les rues de la ville, marchant en longues files, ayant peine à se tenir sur leurs jambes, mais excités par la crainte du fouet qui retentissait toujours à leurs oreilles et s'aidant mutuellement en plaçant les mains sur les épaules de ceux qui les précédaient. Inutile de rapporter les scènes d'horreur et d'abominable dépravation qui se passaient sur ce marché d'ignominie. Quelques voyageurs en ont parlé ; mais par respect pour leurs lecteurs, ils ont dû taire bien des choses, et je suis obligé de faire comme eux. Nul marché aux bestiaux ne peut donner l'idée d'un marché aux esclaves.

Mon cœur saigne encore et mes yeux se remplissent de

Convoi d'esclaves ; d'après un dessin du R. P. Le Roy. (P. 108.)

larmes en pensant à tout ce que j'ai vu là pendant quinze ans... Ah! que n'avions-nous alors assez d'argent pour racheter en grand nombre ces malheureux, pour arracher au moins à l'esclavage et à la prostitution publique tous ceux qui tendaient aux missionnaires leurs mains amaigries, et qui leur faisaient cette prière déchirante : « Blanc, achète-moi ! »

Grâce cependant aux dons des généreux bienfaiteurs de nos œuvres, nous avons pu délivrer bien des centaines de ces pauvres noirs. Ceux qui étaient abandonnés comme inutiles ou mourants étaient recherchés, recueillis, instruits rapidement et baptisés. La plupart de ceux que nous avons rassemblés ainsi ont déjà échangé l'esclavage contre le ciel et sont, nous en avons la confiance, de puissants intercesseurs auprès de Dieu pour la mission et pour ses bienfaiteurs. Ceux qui ont pu survivre aux angoisses de la faim, aux tourments de la maladie, aux mauvais traitements dont ils ont été l'objet (le plus grand nombre d'entre eux sont des enfants), ont été élevés, instruits, mariés; et ces jeunes familles, qui doivent tout à leurs bienfaiteurs d'Europe, nous ont permis et nous permettront, maintenant surtout, d'établir dans l'intérieur des colonies chrétiennes autour desquelles viendront peu à peu se grouper nos pauvres et chers païens. Aujourd'hui nous avons encore près de six cents de ces enfants que Dieu a appelés à la liberté de l'Évangile, et qui sont notre consolation et notre espérance.

Mais combien, sur ce marché de Zanzibar, passait-il d'esclaves? Il serait difficile d'en connaître le chiffre exact. Cependant, lors du voyage de sir Bartle Frere, envoyé par le gouvernement britannique près du sultan pour obtenir de Son Altesse l'abolition de ce marché public, j'ai su par des personnes compétentes et bien informées que le recensement fait à la douane donnait en moyenne quarante-cinq mille noirs pour une année. Mais si, aujourd'hui que les navires européens déploient une si louable activité contre les négriers, on peut encore, malgré tout, débarquer un bon nombre d'esclaves sur les divers points de l'île, combien de chargements ont dû alors échapper au contrôle de l'administration et passer sans payer les droits réclamés par la douane! Ce n'est pas exagérer que de porter à vingt mille le nombre des esclaves ainsi introduits. Or, pour fournir au marché soixante-cinq mille hommes, il fallait assurément perdre plus d'un quart de ceux qui étaient pris, soit seize mille à peu près, à cause des massacres faits dans les razzias générales, des maladies contagieuses, des morts occasionnées par la misère et les mauvais traitements. Je me rappelle avec un sentiment d'horreur dont je ne puis me défendre que, dans mes voyages dans l'intérieur avec le P. Horner, nous avons trouvé dans l'Oukami les cadavres infects de toute une caravane sur laquelle le choléra s'était abattu, et qui était restée dans la forêt. Nous arrivons donc ainsi à un total de plus de quatre-vingt mille noirs arrachés à leur pays : voilà pour une année, et pour quinze années nous en aurons douze cent mille. Dans ce chiffre ne sont point compris ceux qu'on transportait par terre le long de la côte, et qui étaient directement expédiés à destination : tous les jours on les voyait passer par centaines, enchaînés l'un derrière l'autre, et formant comme un long chapelet. (Voir la gravure p. 105.) Telle fut la traite.

Depuis, grâce à l'intervention des gouvernements européens et aux dispositions prises par Son Altesse le sultan Saïd-Bargasch, qui, pour accomplir un acte d'humanité, s'est résolument exposé à encourir les blâmes et l'aversion de beaucoup de ses sujets, la vente de ces milliers d'êtres

humains sur la place publique de Zanzibar a été suppri-
mée, et l'importation des noirs défendue. Mais, malgré
les mesures prises, la traite se fait encore, et je ne sais
si on parviendra jamais à la faire disparaître entièrement.
Du reste, les maîtres qui possédaient des esclaves les ont
gardés, et, sans en introduire dans l'île, ils peuvent les
acheter et les vendre. Sur le continent aussi, l'esclavage
continue. Le noir, étant aujourd'hui une marchandise plus
rare, est devenu plus cher. Les filles surtout ne se donnent
qu'à un prix élevé. Par une conséquence naturelle, l'esclave est mieux traité : quand, dans une province en
France, une épizootie se déclare et enlève une partie des
bestiaux, n'est-il pas dans l'intérêt des éleveurs de soigner de leur mieux ceux qui leurs restent? L'abolition du
marché public à Zanzibar a été pour les Arabes la plus
terrible des épizooties; ils s'en plaignent comme d'un
fléau et ne s'en consoleront jamais.

Et maintenant faut-il s'étonner si, après un si barbare
système de dépopulation, pratiqué depuis des années et
depuis des siècles, le voyageur parcourt aujourd'hui des
pays entiers sans rencontrer un seul village, et si les habitants qui ont pu sauver leur liberté sont allés la mettre
à l'abri sous les broussailles les plus épaisses et souvent
dans les endroits les plus malsains?

En résumé, les maux de l'Afrique sont très grands,
mais ils ne sont point sans remèdes : le christianisme
a des soulagements pour toutes les blessures. Dans la plupart des tribus du Zanguebar, non seulement le missionnaire serait toléré, mais on serait heureux de le recevoir;
on le demande aussitôt qu'on le connaît, on le presse de
venir, on est froissé de ses retards; et, chose singulière,
peut-être peu édifiante, ce sont les anthropophages qui
figurent parmi nos meilleurs amis! Dans les villes et vil-

lages de la côte, il y a relativement peu à faire : le climat
y est en général malsain, et la dépravation musulmane
y paralyse l'action de l'Évangile. Mais à deux, à trois, à
quatre jours de marche, nous avons déjà des sauvages,
de vrais sauvages, aussi simples et peut-être mieux disposés qu'à deux et trois cents lieues dans l'intérieur. Là,
du reste, les Arabes ont déjà formé des colonies nombreuses pour se livrer au commerce de l'ivoire, qui ne se
trouve plus dans nos parages; là leur influence est beaucoup plus grande que dans plusieurs tribus qui nous sont
voisines. Ces pauvres gens resteront-ils encore longtemps
à crier, pour ainsi dire, à notre porte, demandant en
vain le pain de la parole divine, réclamant leur part de
civilisation chrétienne, et voyant briller au loin la lumière
de la croix sans pouvoir l'attirer chez eux? Non, je ne
veux pas le penser. L'Évangile, auquel on substitue
aujourd'hui dans quelques pays des manuels signés par
des savants, cet Évangile rédigé par des pêcheurs il y a
dix-huit siècles, ne sera pour nous ni trop vieux ni trop
simple : on l'épellera ici avec bonheur, et peut-être beaucoup croiront-ils ce qu'il enseigne, feront-ils ce qu'il
prescrit. La charité européenne trouvera, au milieu de
ses angoisses, quelques ressources encore pour nous faire
vivre, et son zèle nous enverra des ouvriers apostoliques
jeunes, forts et fidèles, pour remplacer ceux qui tombent,
et pour récolter dans la joie la moisson que leurs devan-
ciers ont semée dans les larmes!...

I

A la suite du voyage d'exploration fait l'année dernière dans l'Oudoé et l'Ouzigoua par le R. P. Étienne Baur, la fondation d'une station nouvelle avait été décidée. Déjà, toutes choses étant arrangées avec le chef de Mrogoro (Ouzigoua), le P. Hacquard s'apprêtait à aller planter la croix sur ces belles montagnes, lorsque Notre-Seigneur l'appela au repos de son ciel.

L'arrivée de nouveaux missionnaires ayant permis d'entreprendre cette œuvre, le R. P. Étienne partait pour Mrogoro, vers le milieu de novembre de l'année dernière, avec le P. Ch. Gommenginger, le F. Zénon, quelques chrétiens et un certain nombre de porteurs. Quinze jours après, je devais à mon tour me mettre en marche avec un confrère désigné pour seconder le P. Gommenginger dans la fondation nouvelle, rejoindre le P. Étienne, l'accompagner dans un voyage d'exploration vers l'Ousagara et chercher avec lui l'emplacement le plus favorable pour une station future.

Tel est, en effet, notre plan de campagne.

En présence de la difficulté qu'ils ont trouvée à faire

passer tout d'un coup ces pauvres noirs du Zanguebar des ténèbres de leur fétichisme aux clartés de la civilisation chrétienne, les premiers missionnaires ont cru qu'ils assureraient plus de succès à leur apostolat en s'occupant d'abord et surtout des enfants.

Des enfants, on en trouvait alors par centaines, tous les jours, sur le marché de Zanzibar ; on en trouve encore sur mer, entassés pêle-mêle dans les boutres de contrebande qui font la traite entre la côte et les îles ; on en trouve sur le continent entre les mains des marchands de chair humaine ; on en trouve sur le sable du rivage ou sur la lisière du bois, exclus de la vie, attendant qu'une vague les emporte ou que les hyènes se les partagent.

Autant que les ressources de la mission peuvent le permettre, ces malheureux sont ramassés, rachetés, rassemblés dans nos maisons. Sous la direction des frères, ils apprennent à lire, à écrire, à chanter, à prier, à travailler. On en fait des forgerons, des charpentiers, des menuisiers, des maçons, des jardiniers, des agriculteurs, des hommes enfin capables de faire donner à la terre ce qu'il leur faut pour s'assurer une existence libre et aisée. Les filles de Marie, de leur côté, initient les filles aux travaux qui leur sont propres.

Et lorsque, ainsi élevés, ces enfants sont devenus des hommes, le missionnaire prend quinze ou vingt d'entre eux et s'en va chercher dans l'intérieur une tribu amie, un sol fertile, un canton salubre et peuplé. On s'établit là, on défriche la forêt, on construit des cases, et, quand tout est prêt, les jeunes hommes, dont l'ardeur a déjà transformé un coin de cette terre, reviennent à la côte chercher leurs fiancées. Ils n'ont rien, mais ils ne sont point pauvres ; car ils savent travailler, et, comme aux premiers jours du monde, ils ont la terre devant eux.

Crescite et multiplicamini. — Peu à peu, sous l'œil du missionnaire, le village chrétien prospère et grandit; des relations s'établissent avec des indigènes, des échanges se font, des soins sont donnés aux malades; de petits cadeaux font naître ou entretiennent l'amitié; en quelque temps ces noirs, voyant que leurs semblables n'ont rien perdu à s'attacher au blanc, s'approchent à leur tour du missionnaire; et si ces pauvres gens n'offrent pas toujours les conditions nécessaires pour s'élever d'un vol à la sainteté des fidèles de l'Église primitive, au moins ils ne voudront point mourir sans faire appeler le Père et sans lui confier leurs enfants pour qu'il les élève dans la vérité.

Depuis quinze jours, le R. P. Étienne était donc parti pour Mrogoro, afin d'y établir un de ces villages chrétiens, et l'heure était venue pour nous d'aller le rejoindre. Tout était prêt. Et comme, dans l'intérieur de l'Afrique, on n'a que ce que l'on y porte, le voyageur est obligé, s'il veut surtout se fixer quelque part, de traîner avec lui des cotonnades qui doivent servir à acheter dans les villages les vivres de chaque jour, des verroteries, des cadeaux, des pioches, des haches et d'autres outils, des clous, des vêtements, des graines, quelques conserves, quelques médicaments, quelques armes, des tentes, une batterie de cuisine, etc.

Les charges étaient là. Chacune d'elles était, selon l'usage, de soixante-dix livres environ : au porteur de l'arranger à sa façon, de la ficeler, de la disposer en un long ballot qu'il chargera sur son épaule, ou de la serrer en un court volume qu'il portera sur sa tête.

Le F. Oscar avait assisté à l'opération.

« Vous avez là, me dit-il, soixante porteurs tous bons enfants..., excepté peut-être cinquante.

— Vous dites?

— Impossible d'en trouver d'autres en ce moment. Nos porteurs ordinaires, ceux que nous connaissons et qui nous connaissent, sont presque tous avec le P. Étienne, et il ne reste que cela. »

Ce n'était, en effet, qu'un ramassis composé des éléments les plus divers. Il y avait là des gèns de la côte, des hommes du Nyassa, des Manyéma, des Wanyamwézi, d'anciens porteurs de Stanley, d'anciens Rouga-Rouga, qui avaient exercé, pour le compte de Mirambo et pour le leur, le noble métier de brigands des forêts, chacun, en un mot,

> Sentant la hart à dix pas à la ronde ;
> Au demeurant, le meilleur fils du monde.

Le lundi matin cependant, 4 décembre, tous se trouvèrent à leur poste à l'heure fixée ; les cornes se firent entendre, les coups de fusil retentirent, les souhaits les plus affectueux s'échangèrent, et nous partîmes.

La caravane comprenait donc deux missionnaires; deux braves pères de famille de notre fondation de Bagamoyo, Xavier, qui sera notre homme d'affaires, et Antoine, notre cuisinier; dix jeunes chrétiens, l'espoir du village futur; le vieux Séliman, qui, depuis de longues années, a mis au service de la mission son dévouement et sa probité à toute épreuve; soixante porteurs et deux chiens.

Vue de Bagamoyo. (P. 119.)

II

Les grandes caravanes ont ordinairement beaucoup de peine à se mettre en marche, et il leur faut plusieurs jours pour arriver à passer le Kingani. Mais nous, peu nombreux, nous comptions bien aller coucher au delà, car la recommandation charitable du F. Oscar ne nous donnait qu'une médiocre confiance en nos hommes; et si nous n'avions pas mis le lit du fleuve entre eux et Bagamoyo, nous en aurions perdu la moitié pendant la nuit. C'est que Bagamoyo, qui n'a pourtant ni théâtres, ni cafés-concerts, ni jardins, ni casino, présente néanmoins des attraits irrésistibles à tout porteur qui s'en va.

Bagamoyo est aujourd'hui une ville d'environ dix mille habitants. L'autorité y est représentée par un gouverneur qui, assisté d'un homme de loi, administre la chose publique et rend la justice au nom de Son Altesse Saïd-Bargasch. Un *djémadar* y commande quelques soldats béloutchis, et la douane de Zanzibar y a établi une succursale. La population est très mêlée : ce sont des Arabes, qui ont de vastes plantations aux alentours; des Hindous de

Bombay, musulmans, qui sont à la tête du commerce ; des Banians de Katche, boudhistes, qui sont épiciers et marchands de bric-à-brac ; des Béloutchis, qui exercent paisiblement le noble métier des armes ; des Portugais de Goa, qui sont médecins, pharmaciens et débitants de liqueurs fortes ; des noirs enfin et surtout, sortis de toutes les tribus de l'intérieur, les uns libres et fainéants, les autres pour la plupart esclaves et travailleurs.

Le port est assez fréquenté ; des boutres font le commerce avec Zanzibar, Quiloa, Sadani et divers points de la côte.

Bagamoyo est aussi le point de départ et d'arrivée de la plupart des caravanes de l'intérieur, et dans la bonne saison il y descend parfois huit à dix mille porteurs en une semaine ; car chez nous tous les transports se font à dos d'hommes. Un célèbre trafiquant que Livingstone a connu, Tipou-Tipou, y est arrivé dernièrement avec soixante-dix mille livres d'ivoire.

La religion est pour tout le monde en général un fardeau léger. Du reste, à travers tous les dogmes plus ou moins confus qui habitent ces têtes sans les encombrer, le missionnaire peut aisément faire trouver place à la vérité, et recueillir, surtout parmi les vieillards et les enfants, beaucoup d'âmes pour le ciel.

Il y a peu d'années encore, le pays était couvert de forêts et de broussailles entrecoupées çà et là par quelques essais de culture ; mais, depuis que la mission s'est établie sur le continent, qu'elle a défriché et qu'elle a planté, tout le monde a voulu faire comme elle.

Les jungles ont ainsi disparu sur beaucoup de points pour faire place aux plantations de cocotiers, de mtama, de manioc, de patates, de cannes à sucre, de sésame. Des manguiers s'élèvent partout chargés de fruits et cachant

Village dans la campagne de Bagamoyo. (P. 120.)

dans leurs têtes des bandes de tourterelles et de pigeons verts. Le long des sentiers que borde le vétiver, des embrevades portent dans leurs gousses des pois estimés, les ananas poussent sans culture, les bananiers s'élèvent des endroits humides et bas, et, par places seulement, un baobab énorme couvre une sorte de hallier et demeure là, au-dessus des strychnos et des euphorbes, comme le témoin plusieurs fois centenaire de la vieille forêt disparue. Ces campagnes appartiennent généralement à des Arabes ou à des Hindous; dans chacune d'elles le propriétaire a laissé comme régisseur un vieil esclave intelligent qui a sa petite part des bénéfices, et qui conduit les autres au travail. Le gros gibier s'est enfui, et, à défaut des antilopes et des sangliers, devenus plus rares, les léopards viennent la nuit voler les chiens, les chèvres, même les poules mal gardées. Quelquefois le lion fait sa ronde, et quoiqu'on ait écrit dans les livres savants qu'il n'attaque jamais l'homme, il n'y a pas d'année cependant que des noirs, nos voisins, ne soient emportés par un lion, devenu trop vieux sans doute pour atteindre les gazelles, mais toujours assez jeune pour apprécier la chair humaine.

La base de la nourriture indigène est le *mtama,* que les Çomalis appellent *dourah,* les Européens *sorgho,* et les livres « bien faits » *holcus sorghicus.* C'est une graminée dont les tiges, hautes ici de deux à trois mètres, portent des panicules lâches, chargées de grains semblables à un très gros millet. Pilés dans un mortier de bois, ces grains sont réduits en une farine dont on fait une bouillie très nourrissante et assez délicate, au moins pour les palais auxquels elle est destinée. Le mtama entre aussi, comme l'orge dans la bière, dans la fabrication du *pombé,* boisson épaisse, d'un goût aigrelet, très estimée, trop estimée pour les avantages qu'elle a de désaltérer, de nourrir et d'enivrer.

Le cocotier (*cocos nucifera*) se plaît dans le voisinage de la mer, dont la brise tourmente perpétuellement son merveilleux panache et vers laquelle on dit qu'il aime à se pencher, comme l'héliotrope vers le soleil. Il atteint vingt-cinq et trente mètres de hauteur. C'est, du reste, l'un des arbres les plus utiles que la main de la Providence ait plantés depuis que *l'arbre de vie* est mort. Le cocotier sert à tout, et tout sert dans le cocotier. Avec le brou on fait des cordes, et avec la noix des vases ; les feuilles sont utilisées pour couvrir les cases et tresser des corbeilles ; l'amande entre dans l'alimentation sous toutes les formes ; son eau désaltère et nourrit ; et, par des incisions pratiquées à la naissance des régimes, on obtient une liqueur enivrante, chère aux ivrognes à peau noire. Enfin, si l'arbre tombe, on en coupe le bourgeon terminal, qui donne une salade excellente.

Le manioc (*manihot utilissima*) est un arbrisseau dont la racine tuberculeuse et féculente fournit une très bonne farine. Au Brésil, on en fait du tapioca ; mais au Zanguebar on se contente de le manger en bouillie. Le tubercule peut aussi se manger tout cru, comme le font quelques indigènes, ou cuit à la manière de la pomme de terre.

Le sésame (*sesamum oleiferum*) est une plante herbacée et annuelle dont la graine renferme une huile fine et douce comparable à l'huile d'olive.

Le bananier (du mot *banana,* usité en Guinée) est, comme le cocotier, la Providence de l'homme dans les pays tropicaux. Il croît spontanément en Asie et en Afrique, d'où il a été transporté dans le nouveau monde. C'est une plante herbacée dont la tige grosse, droite et

Avenue d'un village dans la campagne de Bagamoyo. (P. 124.)

lisse, formée par les puissantes gaines des pétioles, porte,
à la hauteur de quatre à cinq mètres, un bouquet de
larges feuilles d'un vert luisant, souvent déchiquetées par
le vent qui en agite les lambeaux gracieux. Au-dessus de
ce beau feuillage pend le *régime* ou grappe chargée de
fruits, qui se mangent cuits ou crus, et dont on peut tirér
par fermentation une liqueur vineuse. Le régime de fruits
cueilli, la tige est inutile, et il faut la couper; mais de la
souche sont déjà sortis des drageons qui, en grandissant,
produisent à leur tour, perpétuant ainsi la libéralité de la
plante généreuse.

Le manguier prend ici des proportions superbes. C'est
un arbre au port majestueux, à la tête puissante, et dont
les fruits, avec leur légère odeur térébinthacée, donnent
une chair fraîche et abondante. Nous en avons une espèce dite de Pemba, grosse comme la tête d'un petit
enfant.

Près de là, au sud, s'étend le pays occupé par les *Wazaramo,* tribu belliqueuse et fière, que Burton a décrite.
Hommes et femmes y aiment beaucoup la parure. L'Européen ne saurait leur en faire un crime; mais il est une
coutume, en vigueur du reste chez beaucoup d'autres
tribus africaines, qui attire la réprobation du voyageur.
Quand un enfant naît en un jour néfaste, quand il cause
trop de douleurs à sa mère, quand il porte des dents à sa
naissance, quand il n'est pas dans telle ou telle condition
exigée par la superstition et vérifiée par les sorciers, un
conseil de famille se rassemble, et le nouveau-né est impitoyablement rejeté de la vie; si on avait l'imprudence de
le conserver, il deviendrait un fléau pour son pays. Heu=
reusement nous veillons sur ces infortunés, nous entre-
tenons des chasseurs de ce gibier humain, et nous pouvons recueillir ainsi beaucoup de ces pauvres petits êtres.

III

Après deux heures et demie de marche à travers les cultures de la campagne de Bagamoyo et les villages assis paisiblement à leur ombre, on arrive, en marchant sur un terrain sablonneux recouvert d'une assez fertile couche d'humus, à un point plus élevé d'où l'on domine la vallée proprement dite du Kingani. C'est une vaste plaine inculte où le terrain noir, bourbeux pendant les pluies, craquelé dans la saison sèche, est coupé de fondrières profondes, voies préférées des hippopotames, dont les traces sont ici partout. Quand un âne tombe dans un de ces trous et qu'on arrive à l'en retirer, couvert comme d'un vêtement ridicule d'une boue tenace et fétide, la malheureuse bête est si sale, si informe, si honteuse, si drôle, que, tout en plaignant son triste sort, on ne peut la regarder sans rire.

A dix heures nous étions au fleuve. Le soldat béloutchi, une vieille connaissance qui perçoit les droits de passage pour le compte des trois anciens chefs du pays, vint aussitôt nous offrir ses services et demander une goutte de

cette eau européenne « qui gratte la gorge si délicieusement ». Mais il fallait attendre. Tous les porteurs n'étaient
pas arrivés; et bientôt on apprit que l'un d'eux était
malade, qu'un autre s'était sauvé, qu'un troisième voulait
en faire autant. Pendant ce temps-là, le vieux Séliman,
à Bagamoyo, avisait et cherchait.

Au reste, deux grandes caravanes étaient là, revenant
de l'intérieur et passant le fleuve. C'étaient des Waniamwézi chargés d'ivoire. Les Arabes qui les conduisaient
vinrent nous saluer, et longtemps nous prîmes beaucoup
d'intérêt à regarder tout ce monde, à parler, à jaser un
peu, à demander des nouvelles, à en donner. Une musique
sourde et monotone dominait le bruit des passeurs et des
passants : c'était un orchestre indigène, assis dans une
pirogue, charmant les crocodiles et protégeant les hommes,
tout comme Orphée. Avec les porteurs étaient venus beaucoup de femmes et d'enfants, des troupeaux de chèvres,
des moutons, des bœufs, des ânes, le tout ou à peu près
pour être vendu à la côte.

Le vrai nom du fleuve est *Roufou;* le mot *Kingani,*
sous lequel il a été désigné par les voyageurs, est le nom
d'un village qui se trouve à son embouchure. Ce mot
signifie : *à la limite* (entre l'Ouzaramo et l'Oudoé). Il descend des montagnes de l'Oukami, où il s'appelle *Mpési*
(rapide); grossi à droite du *Mgazi* et du *Mguéta,* et à
gauche du *Guéringuéré,* il reçoit en outre, dans la saison
des pluies, des torrents qui viennent alors le faire débor-
der sur les plaines basses, à travers lesquelles il se traîne
lentement et en faisant mille circuits, comme si, avant de
se donner à la mer, il aimait à s'attarder sur sa boue profonde, lie infecte où les crocodiles s'allongent avec volupté
et que les hippopotames traversent lourdement, pendant
que des bandes d'oiseaux aquatiques s'y abattent à grands

cris pour y chercher leur pâture. Près de son embouchure, des forêts de mangliers s'élèvent de ses bords, et
des lagunes immenses reçoivent des deux côtés le trop-
plein de ses eaux mêlées à celles de la marée montante.

Vers trois heures, Séliman arriva. Les déserteurs
étaient remplacés; et, comme nous avions encore du temps
devant nous, comme nous avions eu du repos, comme une
petite harangue de circonstance avait triomphé des hésitations de la caravane, tout le monde se trouva décidé
à passer ce jour-là même et à aller coucher à *Bikiro*.

Après donc une courte halte sous un ficus au pied
duquel l'habitant d'une maison voisine avait élevé une petite
case-fétiche, nous nous remîmes en marche à travers une
grande plaine qui, s'élevant peu à peu, finit par aboutir
au village attendu. C'est une réunion de quelques cases
misérables protégées d'un côté contre les émanations du
fleuve par un reste de forêt vierge, et devant lesquelles
s'étend, à l'est, une plaine que nous devions traverser le
lendemain. A droite et au loin, le *Pongwé,* derrière lequel
nous saluons le village chrétien de *Mandéra*.

IV

La journée avait été pénible, mais tout le monde était
content d'être déjà si loin. Les ballots furent rassemblés
au milieu de la cour; les porteurs, après avoir tous
répondu à l'appel, se réunirent par petits groupes pour causer et pour rire; nos jeunes chiens, qui de leur vie n'avaient
jamais tant marché et qu'il avait fallu traîner malgré eux
dans cette première étape, furent attachés à la porte d'une
vieille case en ruines, dans laquelle nous élûmes domicile
pour la nuit. Mais nous avions été mal inspirés ce soir-là.
Sur la demande de mon confrère, notre cuisinier Antoine
nous avait servi comme réconfort une jatte de café de sa
façon; aussi, quand l'heure vint d'appeler à nous le sommeil, le sommeil ne nous répondit pas.

Vers minuit cependant, le silence commençait à se faire
sous la tente et dans le camp, lorsqu'un homme se présenta à l'entrée du village, criant à tue-tête et demandant
à entrer.

« Entre! lui fut-il répondu.

— Ah! fit-il, pas si bête!

— Eh bien ! reste là.

— Non, je veux entrer. »

Là-dessus les rires, les injures, les gros et les menus propos s'entre-croisent à travers la nuit; il faut une demi-heure pour arriver à savoir que cet homme se rend à la côte avec un troupeau de chèvres, qu'il est porteur d'une lettre du P. Baur à notre adresse, mais que les aboiements courroucés des chiens font peur à ses chèvres. Introduit enfin dans notre gîte, il nous remet la lettre : le P. Baur donnait de ses nouvelles et nous indiquait la route à suivre. Nos confrères n'étaient pas encore arrivés à Mro-goro, obligés qu'ils avaient été de s'arrêter en chemin pour attendre la cicatrisation des plaies que leurs souliers leur avaient faites.

A trois heures du matin, le vieux Séliman sonna le réveil dans sa corne d'antilope, et la caravane se mit en marche : un *kirangozi* (guide) nous précédait avec un fanal au bout d'un bâton. Mais bientôt la Providence se chargea de nous guider elle-même : des éclairs sillonnèrent la nuit, et quelques vigoureux coups de tonnerre retenti-rent. Heureusement pas une goutte d'eau ne tomba.

Nous sommes dans l'Oukwéré, pays pauvre et sans importance que la guerre a autrefois dépeuplé. Au reste, les habitants sont bons, hospitaliers, vivant du travail des champs et de la chasse. Pour se rendre maîtres du gros gibier, ils se servent surtout de grands et solides filets tressés avec des cordes de fibres de baobab. Ces filets sont tendus à la lisière du bois au moyen de fourches fixées en terre; puis on fait une battue générale, et souvent la chasse donne ainsi de nombreuses captures.

Les Wakwéré ont des coiffures assez originales. Les hommes se tressent une espèce de chapeau haute forme dont les rebords excentriques les protègent contre le soleil. Les femmes ont un grand soin de leurs cheveux; elles les disposent tantôt par touffes et tantôt par étages, leur donnant aussi parfois la forme de coiffures qui ne manquent pas d'un certain art.

Mais ce qui distingue les Wakwéré, c'est leur tendance à la superstition. Chez eux les sorciers abondent, et il y a dans le nombre de fins spécialistes que l'on vient parfois consulter de très loin. J'ai vu là un chef de village qui passait son temps à faire des amulettes de toutes formes et de tous prix, sous la varangue de sa case. Au moment où je l'abordai, il coupait de petits morceaux de bois, ronds, d'égales longueurs, que l'on dispose le soir sur un sentier, en rang, par groupes de quatre. Si le lendemain matin on les trouve dans le même état, la journée sera bonne; s'ils sont dérangés, elle sera mauvaise.

« Qui peut toucher à ces bois? lui demandai-je.

— Les *Wadoudé,* » répondit-il.

Les *Wadoudé* sont des esprits insaisissables qui courent la campagne.

Mais les pratiques religieuses ne sont pas toujours aussi inoffensives que celles-là : ainsi, l'année dernière, tant que la comète est restée visible, tous les enfants qui sont nés ont été impitoyablement sacrifiés!

A huit heures, nous arrivions à un torrent dont le lit profond gardait encore quelques flaques d'eau. Dans la savane qui s'étendait devant nous, on avait signalé une source, et, sur l'avis du kirangozi, la caravane s'arrêta : l'endroit est un lieu de halte ordinaire et s'appelle *Kin-guéni,* c'est-à-dire *Au grand lézard.*

Cependant on se mit à la recherche de la source indi-quée, et pour la première fois la tente fut dressée dans la prairie. Liberté avait été laissée à chacun d'aller chasser et courir jusqu'au soir. Mais les débuts de la chasse n'ayant pas été heureux, — on ne trouva qu'une tortue dont en nous fit hommage, — les porteurs préférèrent rester pour organiser leur cuisine et pour causer. Et comme il serait difficile en Europe à cinquante hommes, Français, Anglais, Allemands, Espagnols et Italiens, de se parler beaucoup sans se chicaner un peu, nos cinquante Africains non plus, qui appartenaient à des tribus différentes, ne manquèrent pas de soulever bientôt des querelles patriotiques. Pour nous, assis sous la tente, nous écoutions tous ces propos, prêts à en faire notre profit, lorsque la conversation, d'abord modérée, prit un caractère dramatique.

« *Wallaï!* qu'on me coupe le cou comme à un poulet, si les Waniamwézi ne sont pas des pourceaux!

— *Mirambo! Mirambo!* on nous insulte!...

— Nous avions de l'eau dans la prairie, de l'eau douce, de l'eau claire, de l'eau pour boire et pour cuire le mtama, et voilà deux grands Waniamwézi, les plus sales d'entre nous, *Wallaï!* qui sont allés se baigner dedans! »

(Longs cris d'horreur, — tumulte indescriptible, — quelques noirs brisent leurs vases sur ceux du voisin.)

Un orateur conciliant :

« Écoutez-moi : il y a beaucoup de bêtes au soleil : des chèvres, des moutons, des zèbres, des ânes... »

Un loustic :

« Et toi? »

L'orateur :

« Et toutes ces bêtes sont bonnes. Il y a aussi beaucoup de tribus : des Wazaramo, des Wanyassa, des Wanyamwési. »

Un interrrupteur en colère :

« *Mavi!* (ce mot ne peut se traduire qu'en latin, et encore!) Les Wanyamwési, je les connais! Écoutez : ce

matin, pendant la marche, il y en a deux qui se sont
arrêtés dans les herbes, et qui ont bu le vin des blancs. »

(Silence de stupéfaction, — plusieurs retiennent leur
haleine.)

Quelques voix :

« C'est vrai! c'est vrai! »

Le vieux Séliman, d'une voix étouffée et tremblante :

« Il y a vingt-deux ans que je suis avec les Pères.
Depuis vingt-deux ans, jamais je n'ai vu pareille vilenie...
Dieu est juste! »

Longtemps la discussion avait été assez intéressante. On
se serait cru dans un parlement. Mais, après la révélation
finale, l'heure était venue, pour nous comme pour Achille,
de sortir de dessous la tente.

« Vous êtes tous de bons enfants, leur dis-je, mais vous
parlez trop. Réunissez les ballots pour la nuit, allumez
les feux, et reposons-nous; car demain nous partirons de
bonne heure. »

Peu à peu le calme se rétablit, comme à la voix d'un
président assez heureux pour dissiper un orage parlemen-
taire. *Quos ego!...* Mais je pus vérifier bientôt que deux
porteurs avaient, en effet, connu le goût du vin que nous
destinions à nos confrères. Seulement je me contentai de
remplacer le bouchon accusateur, et je ne dis rien. Plus
tard, le F. Oscar serait prévenu, et, je le savais, le F. Oscar
est homme à rattraper ce qu'il a perdu. Car si nos deux
noirs, trop fortement réprimandés sur place, s'étaient
évadés, qui auraient pris leurs charges?

V

LA NOUVELLE LUNE — EN MARCHE — PAYSAGE —
LA MORT DU GÉANT

Le soir, la nouvelle lune devait paraître. Ceux des porteurs qui avaient quelque teinture musulmane, — il y en avait huit ou dix, — chargèrent de bonne heure leurs fusils, et aussitôt que le disque brillamment argenté de l'astre cher à Mahomet se montra dans le clair feuillage des arbres lointains, il fut fêté par des décharges joyeuses et répétées auxquelles répondirent inopinément celles d'une caravane en marche et qui passa outre, après nous avoir salués.

La nuit fut bonne. Comme nous nous étions applaudis la veille d'être partis de Bikiro de grand matin afin d'éviter ainsi la chaleur du jour et d'avoir du temps pour nous reposer, nous quittâmes notre campement de Kenguéni bien avant le lever de l'aurore, et nous reprîmes l'étroit sentier pratiqué par les caravanes à travers la prairie. Comme la veille, un fanal nous précédait. Quand un trou se présentait, une pierre, une épine, un tronc d'arbre, le guide criait :

« Un trou! »

Chacun, d'un bout à l'autre de la caravane, répétait :
« Un trou ! »

Et l'on riait et l'on chantait, et, pour l'ordinaire, on tombait dedans.

Parmi les dix jeunes chrétiens qui allaient s'établir au village de Mrogoro, trois avaient eu des ophtalmies récentes, et, à la suite de ces affections, ils ne pouvaient rien distinguer tant que le soleil n'était pas au-dessus de l'horizon. Or l'un d'eux portait sur sa tête une longue boîte pleine de boutures plantées dans un peu de terre, espoir du futur jardin de la mission. Hélas! qu'il a souffert, ce pauvre jardin suspendu! Que de fois il a roulé par terre! Que de fois il a été ramassé à tâtons pour être remis en place et pour retomber encore! Je cite ce détail pour donner une idée de la difficulté qu'on a d'acclimater des plantes dans l'intérieur : il n'est pas facile de les y acclimater, parce qu'il n'est pas facile de les y porter!

La veille, nous avions eu un paysage monotone de Bikiro à Kenguéni. Sur un terrain sablonneux, creusé de loin en loin par un torrent desséché, s'élèvent quelques bouquets d'arbres, la plupart à l'écorce rugueuse et au tronc déformé par les incendies que les indigènes allument chaque année dans le *Pori* pour se débarrasser d'une exubérance de végétation. Les girafes se montrent parfois; mais l'ordre du jour porte que, en marche, on ne poursuivra pas le gros gibier. Un petit oiseau, de la grosseur et de la couleur de l'alouette, s'élance devant nous en battant violemment des ailes, et, après s'être maintenu quelque temps dans les airs, il se laisse tomber tout à coup pour remonter ensuite et continuer toujours ainsi ses évolutions joyeuses. Au-dessus de nos têtes, l'épervier décrit de longs circuits; dans les herbes, quelques grillons chantent, et c'est tout. C'est là ce qu'on appelle le

Mort du géant de la forêt. (P. 144.)

Pori, espèce de désert où l'homme laisse le champ libre aux herbes, aux arbres et aux animaux.

Mais après Kenguéni le paysage devient plus beau; on se croirait au milieu d'un immense parc anglais, semé d'agréables bosquets qui semblent plantés par la main de l'homme. Pas de palmiers, pas de dattiers, pas de grandes lianes, rien qui caractérise une végétation tropicale, rien qui indique le « continent mystérieux ». Seulement, pendant que l'on hâte le pas en se rappelant les vallées qui ont retenti des cris et des jeux de son enfance, tout à coup une gazelle s'élance et vient vous avertir que vous voyagez en Afrique, bien loin de cette France à laquelle vous pensiez et que peut-être vous ne reverrez plus...

Enfin quelques cases paraissent, entourées de cultures. Nous arrivons à un baobab énorme au pied duquel s'élève une petite construction en l'honneur d'un *Mzimou* (esprit), et peu après au village qui, du nom de cet arbre, s'appelle *Mbouyouni* (au baobab).

Mbouyouni est un pauvre village; mais la vallée qu'il domine est superbe. J'aurais consacré volontiers ce jour à me reposer à l'ombre de sa forêt ou sur l'herbe de sa prairie; mais l'étape avait été trop courte; et, après un conseil public dans lequel nous eûmes à lutter contre la mauvaise volonté de quelques porteurs, il fut décidé que, à deux heures de l'après-midi, tout le monde devait être en route pour le village voisin. L'ordre fut exécuté, et le soir nous arrivions de bonne heure à *Mbiki*.

Mbiki est un centre plus important. Deux grandes caravanes se dirigeant vers Tabora y étaient déjà campées; mais en Afrique c'est la Providence qui tient hôtel, et la place ne manque jamais. Une case nous est offerte pour la nuit, et, comme les vivres étaient rares, mon confrère se mit en chasse. Je fis comme lui, pendant que nos porteurs se dispersèrent dans les villages voisins, essayant d'échanger leurs coudées de toile contre du riz, du maïs, du mtama, des légumes ou des poules.

Je m'aventurai d'abord à travers de grandes cultures où pas une pièce de gros gibier ne se montra, mais où je vis des tourterelles, des pigeons verts et d'autres oiseaux au bec énorme, pareils à des callaos. Je courus beaucoup, parlant à tous les indigènes, remontant le lit profondément encaissé d'un torrent, admirant surtout les arbres superbes qui formaient sur son cours les débris d'une admirable forêt, et oubliant un peu que nous n'avions presque rien pour notre repas du soir. La nuit vint. Il y avait là, sur la lisière de ces bois, un tronc de toute beauté qui avait été dépouillé de ses branches, et auquel on avait mis le feu. C'est ici la manière de lutter contre l'exubérante prodigalité de la nature; la hache est impuissante, mais le feu vient à la rescousse.

Depuis plusieurs jours déjà peut-être, le terrible élément s'acharnait à la destruction du plus beau représentant de la vieille forêt, et c'était, à la tombée de la nuit, un spectacle magnifique. Au milieu d'un abatis considérable, le colosse restait là, debout encore, comme une haute cheminée d'usine, mais dévoré au cœur par une flamme active, à peine visible à l'extérieur, qui se sentait déjà victorieuse et qui soufflait avec une ardeur sauvage dans la poitrine du géant.

La chasse ne fut point brillante. Je rentrai bredouille; mais j'eus la satisfaction de trouver mon confrère, qui me croyait perdu, occupé à faire rôtir trois ou quatre perdrix : excellente surprise pour un estomac forcé de faire pénitence, et déjà résigné.

VI

L'étape suivante était pénible. Nous avions devant nous un désert comme toujours peuplé d'arbres, mais sans eau et trop large pour qu'on pût songer à le traverser en une seule étape. Il fut donc résolu après un *shaouri* (conseil public) que nous resterions à Mbiki jusqu'au lendemain, que nous ferions un repas aussi solide que les circonstances le permettraient, et que nous camperions ensuite au milieu du Pori, où nous passerions la nuit; le jour suivant, de bonne heure, nous irions déjeuner au village voisin, où nous trouverions de l'eau et des vivres.

Ce désert, qui, du nom d'un arbre qu'on y rencontre, s'appelle *Sagati,* comptait autrefois quelques villages; mais la guerre que se firent les Wazaramo et les tribus voisines, il y a une dizaine d'années, a tout emporté. C'est un plateau d'une altitude de cinquante mètres environ au-dessus du niveau de la mer, et d'où l'on aperçoit le mont *Kongwé,* dans l'Oukami. Le sol est sablonneux, les arbres rares, rabougris, épineux pour la plupart. Çà et là pourtant quelques palmyras dressent leurs têtes gracieuses au-dessus de cette maigre végétation, et des deux côtés du sentier, à l'horizon, la forêt présente l'impénétrable rempart de ses halliers. De temps à autre nous heurtons une carcasse humaine, un crâne, un tibia, un reste de squelette. C'est un porteur de caravane qui, ne pouvant plus avancer, s'est arrêté là. On lui a pris sa charge, son arc, sa lance, les lambeaux misérables dont il s'était couvert, et, comme il allait mourir, ses camarades l'ont abandonné. L'hyène a fait le reste.

Nous arrivons au camp vers six heures du soir. Tout de suite on dresse la tente, et les porteurs vont couper de grandes herbes sèches pour s'en faire un lit. On allume des feux et l'on se rassemble pour causer. Point d'eau; nous soupons d'espérance en pensant au lendemain. Eh bien! ces voyages sont remplis de fatigues, d'ennuis, de dangers; mais ils ne sont point tristes, et, si l'on a le bonheur de n'être pas malade, on se sent jouir de je ne sais quelle jouissance libre et sauvage que l'on n'éprouve que là, au milieu de ces plaines sans fin, sur la lisière de ces forêts mystérieuses, et si loin de nos villes européennes, de leurs petits boulevards proprement alignés, de leurs végétations s'étalant dans des pots de terre et de leurs pavés que le gouvernement arrose de ruisseaux qu'un employé fait courir à coups de balai!

Quand le soleil se couche et que, vers sept heures, la nuit envahit les jungles, il vous semble qu'un grand silence se fait dans la plaine. Seulement, lorsqu'on prête l'oreille, un bruit étrange, vague, sortant de partout, et si léger qu'il semble créé par l'imagination toute seule, s'élève comme la voix mystérieuse et indistincte d'un esprit qui hanterait ces lieux. Ce doit être une feuille qui tombe, un oiseau qui se réveille, un insecte qui bourdonne, peut-être un fauve qui passe; mais ce n'est au juste rien de tout cela : on dirait la forêt qui respire.

Les porteurs ne sont point insensibles à cette influence; et les nôtres, réunis autour de leurs feux, couchés sur le ventre et la mâchoire entre leurs mains, se racontèrent longtemps, à demi-voix, les histoires les plus effrayantes et les plus gaies sur les esprits sans nombre qui s'amusent aux dépens des mortels. Mais enfin la nature vient réclamer ses droits, et la poésie des veilles prolongées finit toujours par un sommeil qui enveloppe tous les conteurs dans le prosaïsme d'un même repos.

Pour nous, couchés sous notre tente, nous étions depuis longtemps déjà insensibles à la beauté pittoresque du lieu, lorsque tout à coup le chant d'un coq nous réveilla.

« Un coq ici! d'où vient-il? »

A ce signal, voilà que d'autres coqs répondent, des poules battent des ailes, des chèvres bêlent, des vaches font entendre un beuglement étouffé; décidément l'esprit malin du Pori nous a-t-il subitement transportés au milieu d'une ferme normande? Pas tout à fait : ce sont les porteurs qui donnent le signal du réveil, en imitant à s'y méprendre toutes ces bêtes à cornes ou à plumes.

Il est deux heures du matin. Vite chacun prend son ballot, et nous voici en marche.

Au crépuscule, le paysage revêt un autre aspect. Après avoir foulé aux pieds un sol pierreux, nous descendons dans une plaine fermée à droite et à gauche par des forêts profondes, vaste prairie au sol noir et fertile, où nous avons la bonne fortune de trouver des pintades au bout de nos fusils. Courant à pas pressés en dressant au-dessus des herbes leurs petites têtes bleues et inquiètes, ces oiseaux sont pour le voyageur une agréable rencontre, surtout quand il peut se flatter de l'espérance de les abattre pour son déjeuner. Au reste, la chasse en est facile quand on a des chiens. Pour échapper à ses ennemis, la pintade

va se poser sur un arbre voisin : d'en bas le chien la
regarde, d'en haut elle regarde le chien, et cependant le
chasseur tire.

A la plaine succède un petit plateau que nous remontons,
passant sous des forêts magnifiques où des cactus géants
s'élèvent à travers un fouillis d'arbres et de lianes de toute
espèce. Nous avons ensuite à traverser un torrent dont le
lit est encombré d'énormes blocs de granit; nous trouvons
des bananiers superbes, des champs plantés de maïs, des
noirs qui passent en nous saluant, des villages enfin. C'est
Msoua.

Étang de Msoua. (P. 156.)

VII

MSOUA — LA MORT D'UN CHEF ET LES CRUAUTÉS QUI LA SUIVENT
— LE BUCHER — L'ÉTANG

Msoua est le nom d'une rivière qui coule ici et qui va se jeter dans le Kingani; Msoua est aussi le nom du canton drainé par ce cours d'eau; mais ce mot ne s'applique en réalité à aucun des nombreux villages de la contrée. Veut-on désigner tel ou tel d'entre eux, on se sert du nom du chef. Ainsi l'on dira : « *Nakuenda Msoua kwa Tongo.* — Je vais à Msoua chez Tongo, je vais au village dont Tongo est le chef. »

Pauvre Tongo! il avait, en effet, été chef pendant long-temps, chef de son village, chef de tout le Msoua, chef même du chef de Kisémo; mais la vieillesse était venue, puis la décrépitude, puis la mort.

Tongo était mort !

Tout le monde en fut surpris, car Tongo, un chef, pou-vait-il mourir?

Le jour des funérailles, Béga, son fils, s'avança, et, selon la coutume, étendant la main sur le cadavre de son vieux père :

« Si tu es mort parce que Dieu l'a voulu, s'écria-t-il, je

ne puis rien; mais si tu es mort parce que tes ennemis t'ont fait mourir, père, je te vengerai!... »

Là-dessus le ban et l'arrière-ban des sorciers avaient été convoqués, et ces deux questions leur avaient été proposées par Béga :

« Pourquoi Tongo est-il mort?

« Qui a fait mourir Tongo? »

A la première question il fut répondu savamment, et après de longues cérémonies divinatoires, que Tongo était mort parce qu'il avait été forcé de mourir; à la seconde, qu'il avait été forcé de mourir parce que des maléfices lui avaient été lancés. Là-dessus on s'empara aussitôt de plusieurs indigènes suspects, et, en présence d'une foule accourue des alentours, on les soumit à l'épreuve solennelle du *dawa*.

Chose singulière! cette institution aveugle se retrouve partout. Le cérémonial sans doute varie suivant les cas, suivant les tribus; mais, soit qu'il consiste à faire traverser par les accusés un brasier ardent, soit qu'on leur fasse avaler du poison, soit qu'on s'en remette au sort pour connaître les coupables, il repose partout sur les mêmes principes et porte avec lui le même enseignement. A qui regarde de près, apparaît au fond de tout cela, en effet, une série de vérités philosophiques remarquables, mêlées d'erreurs, il est vrai, mais qu'il n'est pas inutile de relever et de démêler.

L'homme est libre et responsable; il y a des actes bons et des actes mauvais; le crime appelle un châtiment; si le coupable est ignoré, il appartient à une puissance invisible, juste et bonne, dont la vue s'étend plus loin que celle des mortels, de les révéler, pour que la société puisse défendre ses intérêts contre les membres dangereux qu'elle nourrit.

Autour du bûcher. (P. 155.)

Ces dogmes sont, on le voit, comme la base de cette pratique, et cette pratique est universelle.

Tout est vrai dans ce fond de croyances latentes, excepté un point : c'est que la Providence, se réservant de punir elle-même les criminels, soit obligée de les faire connaître aux hommes.

Pour le cas présent, Tongo était mort simplement parce qu'il n'était pas immortel. Une chose l'avait tué qui en a tué beaucoup d'autres, la vieillesse. Mais en Afrique on admet difficilement qu'un chef puisse mourir « de sa belle mort ». Aussi les sorciers de Msoua ne manquèrent-ils point, après les formalités voulues, de désigner comme coupables trois pauvres diables qui, sans cette révélation inattendue, ne se seraient jamais soupçonnés ni si puissants ni si méchants. Quoi qu'il en soit, convaincus de ne mériter au milieu de leurs compatriotes

> Ni cet excès d'honneur ni cette indignité,

ils furent néanmoins condamnés sans appel à être brûlés vifs avec leurs femmes et leurs enfants. L'un d'eux se sauva et fit bien; les autres, chargés du bois de leur bûcher, comme Isaac, furent conduits par la population en furie sur une éminence voisine. On régala les condamnés, on organisa des danses autour d'eux, et, déjà enveloppés par les flammes, mais enivrés par le pombé, surexcités par les chants frénétiques de la foule et par les sourds roulements du tambour, affolés peut-être par la vue du supplice, ces malheureux, dit-on, semblaient machinalement prendre part à la fête, et suivaient de leurs têtes alourdies les mouvements rythmiques de la danse funèbre.

Le lendemain, nous passâmes près du lieu maudit. On n'y voyait plus que des os calcinés sur un monceau de cendres et de charbons éteints, quelques amulettes jetées au pied d'un baobab, les fourches de bois qui avaient enserré le cou des accusés pendant qu'on les menait au supplice; et, pendus aux branches d'un arbre, les habits qui leur avaient servi et qu'aucune main ne pouvait plus toucher.

Le successeur de Tongo n'est pas encore nommé. Au village, Béga, son fils aîné, remplit par intérim les fonctions de chef, aidé d'un *akida* ou ministre. Tous les deux vinrent solennellement nous faire cadeau d'une mesure de mtama et d'une poule; ils reçurent en retour un morceau d'étoffe dont ils parurent satisfaits.

Ce village est placé sur une colline dont l'altitude est d'environ 130 mètres au-dessus du niveau de la mer. Au bas coule le Msoua, rivière qui, presque à sec pendant une partie de l'année, déborde à la saison des pluies sur les plaines environnantes au point d'en faire un immense et infranchissable marais. A la saison sèche cependant on trouve toujours de l'eau dans un réservoir naturel très profond où la rivière est venue se déverser.

Des poissons y vivent, nombreux et d'assez belle taille : ce sont des espèces de silures que les indigènes de Zanguebar nomment *kambari*. Sur les bords de l'étang s'élève un bosquet naturel, semé d'énormes blocs granitiques, travaillé par les termites, qui y dressent leurs pyramides de terre, et dominé par la tête majestueuse du *taxus elongatus,* arbre superbe, droit, élevé, pareil au platane, et que l'on rencontre dans toute cette région sur le bord des fleuves.

A travers les acacias. (P. 161.)

VIII

Ce pays est séparé de celui de *Kisémo* par une petite rivière que nous traversons, et qui n'est autre que le Msoua. Après une heure et demie de marche sur un terrain bas, cultivé çà et là, sec en cette saison, mais inondé pendant une partie de l'année, nous arrivons sur un plateau peu élevé et de là au district de Kisémo, riche, cultivé et, nous dit un chef, peuplé de plus de quatre-vingts villages : chaque village compte en moyenne une dizaine de cases.

Guidés par un de nos hommes, nous allons droit vers le plus puissant seigneur de tout ce canton. C'est un vieux noir, grand, sec, ridé, portant cheveux gris sur la tête et barbe blanche au menton, aimant à parler, à rire et à boire, content de nous voir chez lui et bien vite notre ami, un ami plein d'expansion. Pourtant, ne nous méprenons point : le vieux paraît sensiblement moins réjoui de la présence de nos personnes que de la vue d'une bouteille exhibée à propos...

Mwenié-Kwa-Konzé (c'est son nom) est le grand juge

de l'endroit. Mais, par une bizarrerie singulière, la terre ne lui appartient pas : elle est à Mzoumi, un étranger venu autrefois de l'intérieur, qui par contre n'a pas le droit de rendre la justice, et qui reste en cela soumis au *mwenyé*.

Nous fûmes bien reçus. Le bonhomme, instruit de notre arrivée, vint aussitôt nous faire visite dans la case abandonnée où nous nous étions établis; assis sur un vase de terre renversé, nous le reçûmes aussi solennellement, aussi gravement, que le comportaient les circonstances.

Des cadeaux furent échangés, et la visite fut rendue. Nous dûmes lui montrer beaucoup de choses : un miroir, une montre, une jumelle, des fusils; ravi jusqu'à l'enthousiasme, il appela sa femme et ses enfants, qui vinrent, grands et petits, depuis l'âge de trois ans jusqu'à l'âge de soixante, admirer les richesses des blancs et vanter leur génie. Un traité d'amitié fut conclu, et je dus promettre au vieux que, en repassant, je le mettrais en relation avec le « grand maître ».

« Quel est son nom? me demanda-t-il.

— Il s'appelle Etienne.

— Comment?

— Étienne. »

Le pauvre vieux se fit répéter plus de dix fois ce nom *barbare,* et il allait, pour le prononcer, se démonter sûrement la mâchoire, quand un de ses enfants le pria de se reposer.

Ce pays est beau et, comme je l'ai dit, bien cultivé et bien peuplé. En entrant dans ce qu'on appelle proprement Kisémo, on se trouve en face d'une vaste prairie formée par une dépression de terrain au milieu de laquelle coule lentement une petite rivière qui va se jeter dans le Msoua. A droite et à gauche le sol s'élève, et c'est là que, des

deux côtés, s'ouvrent les portes des cinq principaux villages dont les toits arrondis s'élèvent au-dessus du fourré.
Au reste, póur juger de la population de la contrée, il
faut s'engager dans ces dédales, et on est alors vraiment
surpris de trouver, cachés au milieu d'inextricables halliers, des habitations dont on n'aurait jamais soupçonné
la présence.

Le soir, je fus témoin d'une cérémonie curieuse. Une
jeune fille, perchée à califourchon sur les épaules d'un
grand gaillard, et escortée d'un nombreux cortège, était
promenée de la maison de son père à un village éloigné,
où l'on devait se réunir pour la fêter. Devant elle marchaient quelques individus qui, chantant et dansant, se
retournaient de temps à autre et s'inclinaient profondément tous ensemble devant l'héroïne du jour. Derrière,
un vieillard portait un fagot pour cuire le pombé, et,
mêlé aux parents et aux amis, un chœur de musiciens
faisait entendre des airs plus bruyants que mélodieux.
On m'invita à la fête, à laquelle on me dit qu'il y aurait
beaucoup à boire. Je m'excusai de mon mieux; mais,
tout en cherchant les mauvaises raisons que j'alléguai,
je ne pus me défendre du désir intime de venir un jour
prendre part, à l'abri d'une église où le vrai Dieu reposerait, aux joies et aux tristesses de ce peuple si sympathique et si bon.

A Kisémo, nous étions encore dans l'Oukwèré; mais
nous devions en sortir le lendemain pour entrer dans
l'*Oukami* : c'est une rivière, le *Guéringuéré,* qui sépare
les deux tribus. La caravane y arriva après avoir marché
pendant quatre heures sur un plateau d'où l'on aperçoit
au loin les montagnes. Les sentiers couverts de gravier
serpentent à travers une végétation assez maigre, caractérisée surtout par la présence de grands acacias aux

longues épines et aux feuilles légères. Au lever du soleil, des girafes parurent, des gazelles aussi, des antilopes et des zèbres.

Arrivée au Guéringuéré, la caravane se trouva devant une rivière dont l'eau claire courait, avec ce murmure joyeux que depuis longtemps nous n'avions plus entendu, à travers les sables et les blocs granitiques semés dans son lit. Après s'être désaltéré à tant de mares fangeuses, après avoir souffert de la soif dans de magnifiques pays sans eau, après avoir mâché des herbes pour se donner de la salive, comme Démosthène mâchait des cailloux pour se donner de l'éloquence, qu'on est heureux en Afrique de voir de l'eau claire et courante ! Là du moins on peut boire sans crainte : on ne soupçonne point de microbes, on n'aperçoit pas même de crapauds.

Toute la journée nous remontâmes et descendîmes la rivière avec de l'eau jusqu'à mi-jambe, tantôt plus, tantôt moins, piquant avec une fourchette les crabes, les crevettes et des espèces de joches qui se cachaient sous les pierres, aidés, dans cette « lutte pour l'existence », par quelques enfants de la caravane, et assez heureux pour réunir, au soir, un grand plat de petits poissons qui n'avaient pourri sur aucun marché.

Avec son fond de sables micacés qui brillent à travers l'eau comme des paillettes d'or et des plaques d'argent, le cours du Guériguéré est libre et rapide, orné plutôt qu'embarrassé par de pittoresques rochers sur lesquels viennent se poser les canards et les oies sauvages. Des deux côtés, de minces roseaux l'ombragent, très serrés et très hauts, au sommet desquels pendent des nids sans nombre, tous de la même structure. Beaucoup de martins-pêcheurs fréquentent ses bords, étalant leurs brillantes couleurs sur une longue herbe qui fléchit sous leur poids, et sur laquelle ils paraissent prendre plaisir à se balancer.

A cette idylle cependant il y a quelques correctifs à faire. Tout près du passage, et sur un large banc de sable humide, chacun peut voir de magnifiques traces de panthère, toutes fraîches, et qui donnaient suffisamment à penser que les papillons et les martins-pêcheurs n'étaient pas seuls à habiter ces rives. La bête était là, dans ces roseaux peut-être, attendant le moment favorable pour s'inviter à dîner chez nous. De plus, nos porteurs eurent soin de nous prévenir, et un Arabe campé tout près de là confirma cette assertion, que les villages voisins étaient suspects à cause des nombreux voleurs qui y descendent pour guetter les caravanes au passage.

La tente fut donc dressée sur la rive droite de la rivière, près d'un de ces arbres superbes, le *taxus elongatus,* que nous avions déjà trouvé à Msoua, et dont le tronc lisse, blanc, élancé, portait à une hauteur de plus de quarante mètres une tête touffue et majestueuse. C'était là que, quinze jours avant nous, nos confrères avaient campé. Nous reconnûmes leur passage aux traces religieuses qu'ils avaient laissées : une croix gravée dans l'écorce du grand arbre, avec la date du 3 décembre, fête de saint François Xavier !

La journée fut tranquille et heureuse, employée comme je l'ai dit. Seulement le soir, pendant qu'on allumait les feux de la nuit, mon confrère se trouva pris d'une fièvre occasionnée par les fatigues et, si l'on veut, par les imprudences du jour. Au reste, la fièvre fut complaisante : grâce à un peu de quinine, de transpiration et de sommeil, le lendemain matin le malade se trouva prêt à partir.

Sur le Guéringuéré. (P. 162.)

IX

Mais je n'ai encore rien dit d'un incident (c'était pour nous un événement) qui était venu, dès notre arrivée en cet endroit, nous jeter dans des perplexités sérieuses sur le sort de nos confrères et sur le nôtre.

Nous venions de passer la rivière, lorsque nous fûmes accostés par deux hommes de la caravane du P. Baur qui me saluèrent et me remirent une lettre. Nos confrères avaient été bien reçus de *Simba-Mwéné*, reine de l'*Ouzigoua*, siégeant sur un escabeau d'ébène, dans sa cité fortifiée de *Mwalé*. Ils avaient été bien reçus de *Kingo*, jeune frère de la reine, et chef du puissant village de *Mrogoro;* mais, quand on avait député un homme, porteur d'une lettre, vers *Mwana Goméra*, mari divorcé de la souveraine, et conservant, malgré cette séparation de corps et de biens, une grande autorité dans le pays, Mwana Goméra avait refusé de recevoir la lettre et de la faire lire, selon l'usage, par l'un des Arabes, chefs de caravanes, qui passent fréquemment dans le pays. L'envoyé des blancs avait été éconduit.

A des questions que Kingo avait fait adresser :

« Vendez le pays aux blancs, avait répondu Goméra. Donnez-leur vos montagnes et vos plaines, gorgez-les de votre pombé, amenez-leur vos femmes, vos enfants et vos esclaves; moi, je ne donne rien... Au reste, puisqu'*elle,* — *elle,* c'est la reine, dont il ne prononce jamais le nom depuis la séparation, — puisqu'*elle* a tout pris, que me reste-t-il?... Ah! oui, il me reste, à moi, mon sabre, et à mes hommes leurs lances. J'ai de la poudre aussi; et, si l'on veut, j'en brûlerai un peu sous le nez des blancs. »

En vain avait-on répondu à Goméra que nous venions avec les intentions les plus pacifiques, et que, partout où nous nous étions établis, à Bagamoyo, à Mandéra, à Mhonda, on n'avait eu qu'à se féliciter de notre présence.

« Je connais les blancs, avait-il dit. Il y en a plusieurs à *Mpwapwa* (ce sont des méthodistes anglais); et savez-vous ce qu'ils font? Il donnent asile, dans leur grande maison, à tous les esclaves qui s'enfuient de chez leurs maîtres, à toutes les femmes qui ont à se plaindre de leurs maris. Moi, quand j'ai acheté un homme, je crois qu'il m'appartient; et, si j'ai une femme, je veux être libre de lui donner un coup de bâton. »

Devant ce refus obstiné qui paralysait la bonne volonté de Simba-Mwéné et de Kingo, nous étions obligés de céder pour un temps, d'attendre, peut-être de chercher ailleurs.

Nos confrères se retirèrent dans une grande case de la reine à Mrogoro, et c'était de là que le Père supérieur m'écrivait de dépêcher en toute hâte notre vieux et fidèle Séliman vers le P. Acker, supérieur de notre maison de Zanzibar; celui-ci agirait auprès de *Hamen ben Séliman,* visir du sultan et notre ami, à l'effet d'obtenir des hommes ou des lettres capables de nous faire connaître et recevoir de ce terrible Goméra.

Il n'est pas facile de dire jusqu'à quel point le sultan Séid Bargasch est maître dans ces pays. Quoi qu'il en soit, du temps qu'il était gouverneur de Zanzibar, le père de Hamed avait rendu de grands services à Kisabengo et à Goméra, en leur fournissant des soldats et des armes, grâce auxquels ces étrangers, originaires de la tribu des Wazigoua, étaient parvenus à chasser les Wakami de Mrogoro et à s'établir à leur place.

Depuis lors, le vieux gouverneur, et après lui son fils Hamed, avaient été regardés comme quelque chose de plus que des amis, comme des protecteurs, presque comme des suzerains.

Notre dévoué serviteur Séliman reprit donc le chemin de la côte, muni d'instructions précises; un des hommes venus pour nous apporter la fâcheuse nouvelle l'accompagna armé jusqu'aux dents.

Pour nous, nous nous remîmes en marche dès le lendemain, mais inquiets et nous demandant à quoi aboutiraient ces préparatifs commencés avec tant de confiance. Au reste, nous étions lancés pour une fondation nouvelle et fermement résolus à ne pas rentrer sans avoir solidement planté quelque part la croix de notre Maître. Plus loin, des chefs moins prévenus ne manqueraient pas de nous accueillir, et, puisque le démon d'Afrique se démenait contre l'entreprise, l'entreprise serait bénie de Dieu.

X

AU DELA DU GUÉRINGUÉRÉ — LA TSÉTSÉ — LA CHASSE AUX GAZELLES
NOS AMIS LES ANTHROPOPHAGES

L'étape suivante fut pleine d'intérêt. Après avoir laissé quelques villages qui se sont formés sur les bords du Guéringuéré, nous nous trouvâmes sur un haut plateau bien boisé, uni d'abord, mais ensuite coupé de profondes et superbes vallées. Parfois nous avions à faire de pénibles escalades sur des sentiers ravinés par les grandes pluies et couverts de cailloux quartzeux, granitiques et micacés; · mais, arrivés sur le haut d'une colline, nous nous sentions bien dédommagés de nos fatigues par la vue splendide qui s'ouvrait au loin sur les montagnes de l'*Oukami*.

Sur une de ces hauteurs, la caravane passa près d'un village détruit naguère, *Yangué-Yangué*. Les cases avaient été brûlées, les murs renversés, les plantations saccagées, les troupeaux volés, les hommes, les femmes, les enfants tués, pris, enlevés, vendus comme esclaves. « La guerre! » nous dit-on. C'étaient les Wazigoua qui étaient les auteurs de ce beau fait d'armes.

Près de là, il y avait un peu d'eau où l'on se désaltéra.

Voici maintenant les champs cultivés de *Koo*. Là-haut,

sur une colline, un petit village se cache timidement sous des halliers épais; nous y entrons.

Mais j'oubliais de parler d'une attaque que nous avions dû subir ce jour-là. Il ne s'agit au reste ni d'un lion, ni d'un léopard, ni d'un serpent, mais d'une simple mouche. Pour la première fois dans ce voyage, nous avions trouvé la célèbre et terrible *tsétsé* (*glossina morsitans*), petite, terne, insignifiante, et dont la morsure, inoffensive pour l'homme, pour les animaux sauvages, pour la chèvre, pour les veaux tant qu'ils tettent, est mortelle pour le cheval, le bœuf et, paraît-il, le mouton. Les ânes de Mascate n'y résistent pas non plus; mais ceux de l'intérieur ne paraissent pas en souffrir, non plus que les chiens nés dans le pays. Ces faits singuliers sont encore inexpliqués. Nous fûmes tous piqués, et, pour ma part, je pris plus de cinquante de ces insectes qui s'étaient acharnés à ma personne. C'était le matin vers six heures. Le froid de la nuit paraissait les engourdir, et l'on pouvait s'en emparer facilement; en revenant, je passai sur le même plateau, et, quoique plus souvent attaqué, c'est à peine, tant elles étaient agiles, si je pus prendre quatre ou cinq de ces mouches singulières, embarrassées dans mes cheveux. La douleur qui suit la piqûre est vive; mais elle ne dure qu'un instant, et il n'en reste aucune trace. Ce diptère a été décrit par Westwood, qui lui a donné son nom de *glossine mordante*. Les Persans l'ont appelée *zebud;* les Arabes, *zimb;* les noirs de la vallée du Nil, *tsaltsalya;* les Grecs, *cynomia* (κυνόμυια), mouche du chien; les Cafres, *tsétsé;* les Waswahili, *tchafouou*. Au reste, je ne m'arrête point à décrire cet insecte, dont les formes et les mœurs ont déjà été esquissées dans le *Voyage de l'Oudoé et de l'Ouzigoua*.

La tsétsé est un des plus grands fléaux de l'Afrique.

Heureusement son habitat est parfaitement déterminé, et elle n'en sort jamais.

Lorsque la caravane entra dans Koo, elle trouva le village désert. Un seul homme le gardait, un vieillard; tout le monde était aux champs. Il nous offrit une case où notre cuisinier Antoine s'installa aussitôt, en méditant un pot-au-feu. Il y avait du feu et il y avait un pot, mais le reste manquait. Tout près de là sans doute, sur un arbre qui couvrait de ses branches dernières les cases du village, nous voyions une bande de petits singes vifs et grimaciers se livrer à toutes sortes de légèretés provocantes; mais qui aurait jamais osé tailler un morceau dans leurs membres? Si on l'avait su en Europe, des savants auraient tout de suite accusé les missionnaires, déjà coupables de tant d'autres méfaits, d'aller en Afrique pour dévorer les ancêtres !

Ainsi, forcés de respecter ces individus de nationalité simienne, nous nous mîmes en campagne, Xavier et moi.

Les traces de gibier étaient nombreuses; mais nous ne trouvâmes rien à notre portée. Le soir, nous rentrions fatigués et un peu tristes, quand nous entendîmes un bruit confus de voix triomphantes au haut d'une colline. Vingt ou trente jeunes gens parurent bientôt qui descendirent en courant : les uns portaient des filets de chasse, les autres étaient chargés de gazelles, petites, légères, et si gentilles, qu'on regrettait de les voir mortes. Tous s'arrêtèrent auprès d'une fontaine qui se trouvait là; après avoir bu avidement quelques gorgées d'eau à la manière des forts de Gédéon, ils reprirent leurs charges et s'en allèrent plus loin dépecer le gibier sur le gazon. Il y avait dans cette petite scène un écho de poésie homérique et sauvage qui charmait. Tout ce monde avait l'air fatigué, mais si alerte encore, si vaillant et si content ! C'était la jeunesse du village où nous nous étions arrêtés qui s'en était allée de grand matin, le chef en tête, faire une battue dans les broussailles. La chasse avait été heureuse : on avait pris vingt et une gazelles.

Koo se trouve dans l'Oukami, sur les premiers soulèvements qui donnent plus loin de véritables montagnes ; mais l'endroit est habité par les Wadoé, sujets du chef Tengwa, dont le puissant village se voit au nord-est.

L'Oudoé est, comme on le sait, peuplé d'anthropophages. Seulement on n'y mange l'homme qu'avec des circonstances atténuantes, moins par goût que par habitude et par *devoir*, pour se conformer à quelques vieilles observances, pour se donner un air capable, pour fêter les funérailles d'un chef. Par un sentiment de tendresse touchante, ils ne se mangent pas entre eux : ils préfèrent leurs voisins les Wakami. Quant à nous, qui avons été les premiers et qui sommes encore aujourd'hui les seuls à traverser ordinairement le pays pour aller à Mandéra, nous sommes bien reçus chez ce peuple. Souvent même les Wadoé influents viennent à Bagamoyo nous prier d'aller nous établir chez eux, en jurant qu'ils ne nous mangeront pas. Que deux missionnaires de plus nous arrivent (un peu maigres, ce serait plus prudent), et nous répondrons tout de suite à l'appel de ces bons voisins...

Du pays de Koo à celui de *Mkési,* le sentier monte et descend à travers un paysage vraiment merveilleux. Ici c'est une forêt vierge où les cactus atteignent des proportions étonnantes, et où les lianes courent dans un fouillis d'arbres inconnus sous lesquels l'étroit chemin se déroule en ménageant à chaque pas des vues qui sont toujours les mêmes et qui paraissent toujours nouvelles ; ailleurs on s'enfonce dans une verte vallée que ravine un torrent, et où l'on disparaît tout entier dans les grandes herbes; plus loin il faut monter sur un large plateau d'où le regard se promène librement sur de magnifiques horizons. C'est de là que nous apercevons enfin, pour la première fois, les belles montagnes de l'*Ourougourou,* sur lesquelles nous allons aider nos confrères à planter la croix.

Mais, hélas! que deviennent-ils en ce moment et qu'arrivera-t-il de nos projets?

Porte de village dans l'Oukami. (P. 179.)

12

XI

DANS L'OUKAMI — LES VILLAGES — LES CASES — LA POPULATION

ORDRE DU JOUR DU MISSIONNAIRE EN VOYAGE

Ce fut en nous faisant ces questions que nous parvînmes à Mkési. J'allai avec le kirangozi frapper à la porte d'un village ; on ne nous reçut point. Du reste, depuis que nous étions sortis de l'Oukwèré pour entrer dans l'Oukami, nous trouvions un accueil plus froid, presque défiant, presque hostile. Tout finissait ordinairement par s'arranger ; mais il fallait parlementer, faire patte de velours, promettre des cadeaux. Ailleurs on nous ouvrit pourtant, après nous avoir fait subir un petit interrogatoire.

Ces villages ne comptent d'ordinaire qu'une vingtaine de cases, quelquefois moins ; toujours cachés dans d'é-paisses broussailles épineuses et impénétrables qui sont leur défense naturelle, on dirait qu'ils ont perpétuellement peur de l'ennemi. Et, de fait, que d'ennemis déjà peut-être y sont venus voler des esclaves ! Souvent une double enceinte les protège ; mais il y en a toujours au moins une, faite de troncs d'arbres plantés en terre, et re-liés entre eux de manière qu'une flèche puisse à peine passer à travers. La porte, très étroite, est formée de quatre ou cinq pièces de bois grossièrement équarries, mobiles en bas et soutenues en haut par une autre pièce transversale. Quand on veut entrer, on soulève une ou deux de ces pièces dont on appuie le bout sur une espèce de fourche. La nuit, cette porte est toujours fermée.

Un petit sentier donne accès au village, après avoir fait beaucoup de détours au milieu des broussailles. Dans un carrefour, un léger toit s'élève à la hauteur d'un mètre environ monté sur trois ou quatre piquets, et percé au milieu par un cactus-candélabre sur lequel il s'appuie.

Là-dessous des calebasses, du riz, du maïs. C'est la case de l'*esprit*. La présence d'un village, comme son importance et son ancienneté, se reconnaît au tas de cendres et de détritus accumulés en dehors de l'enceinte ; car il n'est pas permis de jeter ces débris dans les cours.

Les habitations sont rondes, faites d'un clayonnage crépi avec de la terre, entourées d'une sorte de varangue, couvertes de chaume et surmontées d'une tige de bois sculpté. On y trouve souvent un grenier où l'on conserve les récoltes de l'année. Le mobilier n'est pas riche : deux ou trois lits montés sur quatre morceaux de bois et faits de cordes tressées. Des peaux de bêtes, des nattes, quelques vases de terre ; dans un coin, un arc et des flèches, parfois un fusil ; ailleurs des pioches, des serpettes, des couteaux, des marteaux ; dans la muraille, quelques chevilles auxquelles sont suspendus des gris-gris. Le foyer est là, formé de trois pierres, et la fumée, qui n'a d'autre issue que la porte, s'est déposée en couche épaisse sur les soliveaux, les épis de maïs et les toiles d'araignée. Le plafond en est tapissé ; les murs, tristes et déguenillés, en sont habillés comme d'un vêtement en pièces. Trois ou quatre poules couvent dans l'ombre, et partout, dans la paille et la poussière, habitent des punaises, des poux de poule et

des tiques dont l'armée envahit pendant la nuit celui qui
a eu la délicatesse de chercher là un abri pour dormir.
Que si, troublé par des cauchemars et rêvant d'une in-
vasion étrangère, le voyageur a des mouvements trop
brusques, son lit chancelle, et le malheureux va rouler
sur les œufs de la couveuse, qui le réveille par ses cris
éplorés :

> Qualis populea mœrens philomela sub umbra
> Amissos queritur fœtus...

C'était dans un de ces villages que nous arrivions. Un
homme était là, un vieillard, qui le gardait, pendant que
les autres étaient aux champs. Je voulus prendre auprès
de lui quelques informations; mais le vieux, après m'avoir
regardé d'un air tout ahuri, se rassit paisiblement et sans
répondre. Par bonheur une bonne femme entra ; elle revenait de la fontaine, son enfant sur le dos, assis dans une
peau de gazelle.

Elle portait en main une calebasse emmanchée au bout
d'un long bâton avec laquelle elle avait puisé de l'eau, et
sur sa tête le vase rempli jusqu'au bord, avec une branche
d'arbre pour y conserver la fraîcheur. Si peu que ce soit,
la négresse est fille d'Ève. Quelques compliments sur la
beauté de son enfant firent partir chez celle-ci une fusée
d'amour-propre, et aussitôt nous eûmes une case où l'on
s'installa.

Voilà Mkési. Cependant on n'aurait pas une juste idée
de l'endroit en s'arrêtant aux descriptions qui précèdent.
Il faut donc ajouter d'abord que la position en est magnifique. C'est une colline couverte de broussailles à l'abri
desquelles sont assis cinq ou six petits villages; plus loin,
d'autres points sont aussi habités. La population, défiante
au premier abord, se familiarise aisément avec l'étranger.

Ainsi, quand tout le monde fut rentré des champs, les jeunes et les vieux vinrent nous entourer, nous parler, nous regarder. On était surtout content de nous voir manger et boire, et l'on accepta volontiers une part de notre apostolique festin. Ces largesses modestes étaient d'ailleurs réciproques. Ce jour-là, une famille avait fait le pombé, et, selon l'usage, tous les voisins et voisines étaient invités à aller en prendre leur part. Ayant su que nous serions contents d'y goûter, nous aussi, la maîtresse du logis en fête nous apporta elle-même le pombé dans une sorte de corbeille en fibres de palmier, et tressée de telle sorte que pas une goutte de la précieuse boisson ne passait au travers. La chose nous parut intéressante : c'était la première fois qu'il m'arrivait de boire dans un panier !

Ces noirs, qui, comme ceux de Koo, dépendent du chef Tengwa, sont de race mêlée, moitié Wadoé, moitié Wakami. Ils ont des allures tout à fait primitives ; simples, craintifs, mais bons et laborieux. Le village où nous étions comptait beaucoup d'enfants. En face de notre case, une famille en avait six à elle seule, dont le plus âgé ne paraissait pas avoir plus de sept ans. Deux de ces enfants travaillaient : armés d'un petit pilon, ils concassaient joyeusement dans un mortier de bois le mtama dont la farine devait servir à faire la bouillie du soir. La mère avait soin des derniers venus, et, assis sur le seuil de la porte, le père, immobile et souriant, regardait. Délicieux tableau de famille, scène charmante, où chacun, petit et grand, se sentait heureux d'avoir son lot de jouissance, après avoir pris sa part de labeur !

En face de cette colline où nous nous étions arrêtés, et au delà des campagnes en partie cultivées, s'élèvent au sud le mont *Kongwé,* qui domine tout le pays de l'Oukami, et du côté de l'ouest les monts *Dindili*, au pied desquels coule le Guéringuéré. Ces montagnes, qui peuvent avoir 1 200 mètres d'altitude, sont boisées jusqu'au sommet, et il est difficile d'en faire l'ascension à travers la végétation qui les couvre.

La nuit que nous passâmes à Mséki ne fut point heureuse. Tout près de nous, séparée seulement par une cloison, logeait une vieille fée qui, folle ou ivre, chanta jusqu'au matin; et, comme pour nous forcer à l'entendre, une invisible armée de moustiques, de tiques et d'autres vermines, nous harcela sans nous accorder un moment de répit. De bonne heure le lendemain nous étions sur pied, en route et joyeux, très joyeux, car le terme du voyage approchait.

Voici quel était à peu près notre règlement depuis notre départ de Bagamoyo. Lorsque nous dormions, nous nous réveillions de bonne heure, bien avant le chant du coq. Aussitôt on sonnait une sorte de rappel africain dans une corne d'antilope; nous disions avec nos chrétiens une courte prière, et notre brave cuisinier Antoine nous faisait ensuite chauffer un peu de café noir fait la veille. Pendant ce temps-là, les porteurs arrangeaient leurs ballots, et ensuite nous nous mettions en route, nous devant, un homme de confiance derrière. Il était ordinairement trois ou quatre heures du matin quand nous partions, et après cinq ou six heures de marche, nous arrivions au but. Lorsque nous trouvions un village, nous y cherchions une case; autrement la tente était dressée, et l'on se reposait un peu dans les courts exercices de piété commandés au missionnaire. Puis venaient les visites, le payement des porteurs, les négociations pour l'achat d'une poule, d'un peu de riz, de quelques légumes. Antoine, de son côté, préparait le déjeuner; et, vers trois heures de l'après-midi, si l'on n'était pas trop fatigué, on s'en allait visiter le pays, courir la campagne, parler aux indigènes, faire amitié avec tout ce pauvre monde, demander des renseignements, juger les différends qui s'élevaient dans la caravane, donner l'ordre du jour du lendemain, tuer une tourterelle ou ramasser à l'aventure une salade de pourpier. Le soir, au repas qui nous était encore servi, nous ne manquions jamais d'être entourés, comme je l'ai dit; car c'est une chose singulière que l'homme aime surtout à voir manger l'être qu'il juge n'avoir avec lui qu'une ressemblance lointaine. Aussi, lorsque l'heure venait de nous livrer à cet intéressant exercice, on se massait autour de nous avec la même ardeur curieuse qui rassemble autour des bêtes exotiques les élèves des écoles, les troupiers et les bonnes d'enfants. Et alors il y avait devant nous de ces figures béates se pâmant d'admiration, de ces yeux largement ouverts, de ces bouches énormes, de ces attitudes penchées, de ces physionomies naïves, heureuses et captivées, que l'on ne trouve qu'à Paris, au-dessus de la fosse où l'ours blanc déjeune.

Le soir, on allumait des feux, on préparait son lit de camp, on assistait parfois à la veillée des porteurs, et l'on essayait après de s'endormir en recommandant à la Providence du missionnaire son corps et son âme, son expédition et ses chers noirs, ses amis, ses bienfaiteurs et ses parents.

Telle était notre vie, vie toute d'abandon entre les mains de Celui pour qui l'on travaille et par qui tout travail est doux. Sans sa foi en Dieu, que serait, en effet, le missionnaire? Il s'en va sans appui valable, sans ressources certaines, sans succès assuré, à travers des pays qu'il ne connaît pas, chez des peuples qu'il ignore; il s'en va promener volontairement son existence loin d'une famille et

Femme revenant de la fontaine. (P. 181.)

d'une patrie qu'il ne compte point revoir, où pourtant on ne cesse de le redemander. Il s'en va sans rien attendre de la contrée qu'il parcourt, des sauvages qu'il visite, du public qui donne à d'autres son admiration, du gouvernement qui ne décore que ses fonctionnaires, rien, ni renom, ni place, ni fortune. Seulement il croit que tout homme a une âme, que cette âme a droit de connaître la Vérité, que tout missionnaire a le devoir de se sacrifier, et il marche. Au reste, qu'il vive ou qu'il meure, qu'il ait des succès ou des revers, qu'il tombe victime de la fièvre ou de la flèche empoisonnée, qu'il vive dans l'abondance ou qu'il meure de faim, qu'importe, pourvu que Dieu le sache !...

XII

EN ROUTE VERS MWHALÉ — LA *Lionne souveraine ;* SA CITÉ,

SON PALAIS — UN PATRIARCHE AFRICAIN

Il y a cinq heures de marche environ depuis Mkési jusqu'à Mwhalé.

Avançant toujours vers l'ouest, on a d'abord à traverser
ces campagnes cultivées que l'on trouve aux environs de
tous les centres peuplés, puis l'on arrive au *Pori,* c'est-
à-dire, nous l'avons vu, à ces cantons inhabités, incultes
quoique non stériles, qui semblent attendre la présence
de l'homme pour lui offrir leurs richesses cachées. Mais,
après avoir passé au milieu de belles vallées, bornées au
nord et au sud par des collines qui se perdent au loin, on
s'aperçoit bientôt que le sol change de nature et le pays
d'aspect.

Jusqu'à présent on avait marché sur un terrain noir,
riche ou pauvre, suivant la quantité de schiste ou de
silice mêlée à l'humus; mais voici maintenant apparaître
une terre rouge, fertile, chargée d'oxyde de fer.

Nous traversons le sentier qui conduit dans l'Oukami,
et nous nous trouvons bientôt au milieu d'une végétation
puissante où de nombreux baobabs dressent leurs troncs

énormes au-dessus des autres arbres, où des champs s'étendent au loin, et où paraît enfin la cité de *Simba-Mwéné* (*la Lionne souveraine*), fille et successeur de *Kisabengo*, reine de l'Ouzigoua. Nous sommes à *Mwhalé*.

Mwhalé est le nom du pays, et Knoungou-Héra celui de la résidence royale ; mais ce dernier est peu connu, et partant peu employé.

La cité est paisiblement assise au pied des premiers contreforts de l'Ourougourou, superbes montagnes que je devais gravir plus tard et que j'aurai à décrire.

J'ai dit *cité*, et je laisse le mot, mais à la condition qu'on ne lui donnera pas une plus grande importance que celle qui lui est attribuée. C'est tout simplement une réunion d'une quarantaine de cases au milieu desquelles se trouve la demeure royale, de forme ronde comme les autres, plus grande peut-être, sans prétention, sans ornements, sans aucune vanité architecturale. Seuls deux gros cailloux de quartz blanc, posés devant la porte par le plus grand sorcier de la contrée, éloignent du palais tout ce qui serait de nature à nuire à la dame qui l'habite et à ceux qu'elle y reçoit.

J'eus l'honneur d'y être admis plus tard avec le R. P. Baur. Simba-Mwéné était alors absente ; mais il pleuvait dru, et les puissants de l'endroit nous invitèrent à entrer. C'était la première fois que je trouvais sous le toit d'une reine un abri contre la pluie ; aussi, tout en me courbant un peu pour passer, je me sentais grandir de deux pouces...

Il n'y avait là toutefois rien de très recherché. Dans un coin, quelques tisons achevaient de mourir ; plus loin, de grands vases en terre étaient rangés tant bien que mal le long du mur ; des *kitanda* ou lits tressés de cordes et montés sur quatre pieds de bois invitaient le visiteur à s'asseoir ; des poules, avec cette effronterie qu'engendre une longue familiarité, dînaient à même un vase de riz préparé pour la reine; dans l'ombre et faisant mine de travailler, trois ou quatre servantes nous écoutaient parler avec le ministre de la guerre.

La case a un grenier où l'on conserve le maïs et le mtama. Comme presque toutes celles du pays, elle comprend deux enceintes circulaires et concentriques dont l'une, intérieure, est réservée à la reine et contient les étoffes, la poudre, les nattes, le sel, l'ivoire, tout le trésor enfin.

Depuis que Simba-Mwéné est séparée d'avec Mwana-Goméra, elle est restée seule avec une femme un peu plus jeune qu'elle, sa conseillère, son intendante, sa dame d'honneur, *Kibwana* (petite maîtresse). Quelques jeunes filles, ses esclaves, font le service intérieur. N'ayant pas eu à se féliciter de son conjoint, elle paraît avoir peu de sympathie pour le sexe fort; et c'est à peine si, dans ses promenades, elle consent à se laisser accompagner par quelques hommes du village formant son cortège. Elle n'a pas d'enfants.

C'est donc là qu'est venue se fixer la reine. Elle a quitté Mrogoro, où son père avait régné et où elle a laissé son frère; elle est venue établir ce village nouveau, et déjà, il faut en convenir, elle a su lui donner une propreté réelle et un cachet particulier : c'est peut-être une ville qui se fonde. Des murs en terre forment l'enceinte fortifiée; un pavillon, large comme un mouchoir, s'agite au bout d'une perche fixée sur une case, et indique la cité souveraine; chaque soir enfin un crieur public passe à travers le village : c'est l'heure de sortir pour aller satisfaire en dehors de l'enceinte aux exigences de l'humaine nature... On rentre ensuite, et la porte du village est fermée pour la nuit.

Le jour où notre caravane passa sous les murs de la résidence royale, la souveraine était absente, et nous ne pûmes alors lui présenter nos hommages. D'ailleurs elle avait fort bien accueilli le R. P. Baur, et cela nous suffisait.

Nous poursuivîmes donc notre chemin, et un sentier plus large à travers une plaine plus fertile encore et mieux cultivée nous amena aux portes du village de Ngouzo, où la caravane entra. Ngouzo (c'est le nom du chef) est un vieillard déjà tout ridé et tout courbé, aux sourcils blancs, au sourire très fin, à l'air légèrement narquois, à la parole mesurée, aux manières polies. Chose singulière ! ses yeux sont clairs et presque bleus ; la peau est noire, mais le type est beau, et le personnage remarquablement intelligent : c'est un des vieux compagnons d'armes de Kissabengo, le conquérant du pays, et il a dû comme lui descendre du Nord.

Fidèle sujet de la reine dont nous étions les alliés, Ngouzo nous reçut très bien. Aussitôt après les saluts d'usage, il nous pria d'accepter la case de son fils, de nous y installer et de nous y reposer. Se retirant ensuite d'une manière discrète, il revint plus tard nous apporter, avec de magnifiques épis de maïs qu'il avait fait cuire et griller lui-même, un plat de légumes que nous trouvâmes excellent. Nous le fîmes asseoir et lui offrîmes ce que nous avions de mieux : il nous parla longtemps du pays, des noirs, des blancs, d'une manière très fine et très sensée.

C'est un devoir pour le missionnaire de respecter toutes les races ; mais, pourquoi ne pas le dire ? ce vieux patriarche africain, dans ses rapports, est à classer sensiblement au-dessus de beaucoup d'Européens à peau blanche, qui estiment les nègres un peu moins que les perroquets et que les chiens de Terre-Neuve. Il est juste d'ajouter

A. Pic fermant la vallée où se trouve la nouvelle mission. — B. Pavillon de la reine. — C. Enceinte en torchis. — D. Points d'observation et de défense.

Mwhalé, résidence de la reine Simba-Mwéné.

que ces « hommes supérieurs » ne connaissent les noirs que par les portraits qu'en donnent les marchands de pipes.

« Comme tous les Européens qui passent, nous dit Ngouzo en nous montrant la rivière qui coule près de son village, je sais que vous seriez bien contents de connaître le nom de cette eau pour le dire chez vous. Cette eau, nous l'appelons le Mgololo. Les blancs sont très curieux, ils veulent tout savoir; ils mesurent la hauteur des montagnes, ils écrivent les figures des hommes (ils dessinent), ils ramassent des herbes, ils viennent jusqu'ici fouiller les bouses de vache pour y trouver des insectes..., comme s'ils n'avaient pas assez de crottes chez eux!... Je connais, ajouta-t-il, un blanc de votre tribu, un Français. Il a passé ici avec sa femme pour aller dans l'Ousagara. Je l'aime beaucoup, et sa femme encore plus... Il a de l'esprit, il est bon garçon et il est riche : je l'aime beaucoup. Si vous le voyez, saluez-le pour moi, c'est mon ami. Et quand il repassera ici, je lui montrerai des bouses de vache superbes... »

Le Français dont parlait Ngouzo est M. le capitaine Bloyet, voyageur et directeur de la station scientifique de Kondoa, chez qui je devais me rendre avec le R. P. Baur, et qui s'est acquis partout la sympathie des indigènes... Sa femme l'accompagne.

Le village de Ngouzo est propre. Tout près passe cette rivière, le Mgololo, qui descend des montagnes voisines et va se jeter dans le Guéringuéré. Autour du village, les champs sont bien cultivés : on y trouve en abondance du riz, du mtama, du maïs, des cannes à sucre, des haricots, des concombres, des citrouilles...

Les habitants ont un certain air d'aisance et de liberté qui fait plaisir à voir.

Nous étions arrivés chez Ngouzo vers neuf heures du matin. Mrogoro, le terme de notre voyage, n'était plus loin de là; mais les porteurs étaient fatigués et réclamaient, en se tirant les membres, au moins un jour et une nuit de repos. La demande était juste.

Il fut donc décidé qu'ils resteraient jusqu'au lendemain matin. Je quittai la caravane vers quatre heures du soir, et, accompagné de deux chrétiens, je pris les devants pour aller vite saluer nos confrères de Mrogoro, leur donner des nouvelles de la côte et voir la situation qui leur était faite.

XIII

LA RENCONTRE — QUE FAIRE? — LE PORTEUR DE CARAVANES

« *Yambo! yambo sana!* Bonjour!..; » fut notre premier cri.

L'absence n'avait pas été bien longue, ce voyage était simple; mais, dans ces circonstances et dans ces pays, qu'on est heureux cependant de se retrouver, de se faire part de ses joies et de ses peines, de se regarder, de parler tous ensemble, de commencer des phrases et de ne point les achever, d'adresser des questions et de ne point écouter les réponses!...

Pour nous, nous arrivions en bonne santé, contents et dispos. Mais nos confrères, comme je l'ai dit précédemment, avaient eu beaucoup à souffrir, moins cependant des fatigues et des maladies que de Mwana Goméra. Goméra ne voulait pas d'eux, et comme il avait de l'autorité dans le pays, la reine Simba-Mwéné, non plus que le chef Kingo, n'osaient prendre sur eux de céder du terrain à ces blancs dont ils pensaient tant de bien, mais dont on disait tant de mal.

Sans doute nous aurions pu sans crainte passer par

dessus la mauvaise volonté de l'un et les hésitations des autres; mais l'un de nos principes en ces circonstances est de ne jamais nous établir dans une tribu contrairement à la volonté des chefs : point de violence, et, autant que possible, point de querelles, point de procès, point de murmures. Bientôt, nous l'espérions, des recommandations puissantes nous arriveraient de Zanzibar, et nous pourrions alors, sans scrupules comme sans conteste, planter la croix sur ce beau pays. Au cas contraire, nous suivrions la direction donnée par l'Évangile, et, après avoir proposé la *paix*, si la *paix* n'était point reçue, nous secouerions la poussière de nos souliers, et nous irions ailleurs chercher un chef mieux disposé, une tribu plus hospitalière.

En attendant et en espérant, nos confrères habitaient dans Mrogoro une vaste case appartenant à Simba-Mwéné et offerte gracieusement par elle. Ils avaient rassemblé sous ce toit royal les charges de leurs porteurs, et, pendant qu'une partie de ceux-ci étaient rentrés à Bagamoyo, d'autres avaient voulu rester avec nous comme employés. Ils travaillaient, coupaient des roseaux et en faisaient des clayonnages qui devaient servir pour l'installation première.

Les porteurs vinrent le lendemain. A chacun d'eux un billet fut donné, billet qu'ils devaient présenter au F. Oscar, à Bagamoyo, pour en recevoir la paye convenue : le cas du buveur de vin ne fut point oublié. Des salams s'échangèrent de part et d'autre, et nos hommes, après avoir fait la fête aux environs, reprirent peu à peu le chemin de la côte, où ils achevèrent de manger leurs ressources.

Telle est la vie du porteur. A bout de finances sans être à bout de forces, il entre dans de nouvelles caravanes pour revenir encore, pour repartir ensuite, et ainsi toujours, courant de Zanzibar à Mpwapwa, à Tabora, de là à Oudjidji, dans l'Ouganda, dans le Manyéma, partout, semant sa sueur sur tous les sentiers, vivant de ce qui lui tombe sous la main, s'accommodant du désert, trouvant au village des relations faciles, et échangeant contre des légumes l'étoffe ou les verroteries que lui donne son chef de caravane. Doué, au reste, d'un estomac qui s'accommode de tout et d'un pied qui ne se fatigue de rien, toujours marchant, toujours chantant, toujours content, il promène à l'aventure son existence libre et vagabonde, jusqu'à ce qu'un jour, se sentant défaillir, il s'allonge résolument dans les hautes herbes et abandonne sans regret comme sans désespoir aux hyènes, qui se les partageront, ses membres enfin fatigués.

Voilà les porteurs des caravanes, les *wapagazi*. Heureux hommes,... *sua si bona norint!*...

En ce pays, le cheval ne peut vivre; le chameau ne saurait passer à travers les forêts, les marais et les fleuves; l'éléphant, qui livre à l'homme son ivoire, ne veut point lui céder son travail; le bœuf souffre de la tsétsé; l'âne lui-même, le plus résistant des animaux, ne rend que peu de services. Reste l'homme. Et l'homme se fait si bien à cette vie, pour laquelle il n'a point encore trouvé de remplaçant, que, l'ayant une fois menée, il ne peut plus l'abandonner. Comme le Juif errant de la chanson, il faut qu'il marche, chargé de son fardeau, armé de sa lance, muni de sa pipe, et riche seulement d'un morceau de toile dont la valeur représente assez bien les cinq sous d'Isaac Laquedem.

Dans ces caravanes, il y a ordinairement beaucoup de tribus représentées; mais les *Wanyamwézi* sont toujours les plus nombreux, soumis à l'autorité de chefs (*wanyambara*) qui se chargent de dix, vingt, quarante d'entre eux.

Sur la route l'ordre de la caravane est un peu troublé; mais quand on passe dans un centre peuplé, on ne manque jamais de faire la parade. En tête s'avance le *kirangozi* (guide), reconnaissable à sa coiffure élevée et excentrique, à son chant perpétuel, à l'importance qu'il se donne volontiers. Après lui, les wanyambara, dont le long manteau rouge flotte au vent. L'un d'eux, si le chef de la caravane est Arabe, porte l'étendard du sultan de Zanzibar, orné d'une inscription tirée du Coran. Puis viennent les musiciens qui battent le tam-tam et soufflent à tout rompre dans leurs cornes d'antilope; puis les soldats armés de fusils à pierre. Les sorciers, couverts d'amulettes et ornés d'un costume bizarre, décident des heures de marche et du chemin à suivre. Ensuite marchent les porteurs, et, par derrière, les chefs de la caravane, des Arabes ou des métis, précédés de femmes et d'enfants qui doivent dresser la tente, chercher l'eau, faire la cuisine.

Dernièrement *Tipou-Tipou,* revenant de l'intérieur, est ainsi passé avec deux mille hommes et soixante-dix mille livres d'ivoire. Qu'on se figure ce spectacle : il était vraiment imposant.

XIV

Mrogoro est, sur cette ligne, le centre le plus important que rencontre le voyageur depuis la côte. Toutes les
caravanes s'y arrêtent. Aussitôt arrivé, on tire des coups
de fusil, et, avertis au loin, les indigènes de la montagne
et de la plaine accourent échanger contre de la toile, des
verroteries, du sel et des pioches, leur mtama, leur maïs,
leurs légumes, leurs chèvres et leurs moutons.

Autrefois, disent les archives de l'endroit (archives qui
ne sont écrites que dans les mémoires des historiens),
autrefois Mrogoro était un village qui dormait tranquillement dans la plaine à l'ombre des grandes montagnes de
l'*Ourougourou*, et sous la dépendance du roi de l'Oukami.
Un jour, *Kisabengo* y vint. Kisabengo était un coureur
d'aventures, originaire de *Magoubika*, au delà du Wamé,
dans l'Ouzigoua supérieur. Le pays lui parut beau. Il paraît
beau à tous ceux qui y passent.

Kisabengo était intelligent, hardi, entreprenant. De
retour dans son modeste village, il enrôla sous ses ordres
quelques aventuriers et s'en alla déclarer la guerre à de

petits chefs. Il fut toujours vainqueur. Comme il y avait
à piller, c'est-à-dire à manger et à boire, sa troupe s'ac-
crut bientôt, et d'un coup il attaqua le chef de Mrogoro,
qui résista, qui reçut des renforts de l'Oukami, qui ba-
lança la victoire. Ces faits d'armes durèrent longtemps, et
avec des chances diverses. A la fin, Kisabengo allait être
obligé de déposer les armes, lorsque, incapable de triom-
pher par ses seules forces, il demanda du secours au gouverneur de Zanzibar, Seid Soliman. Ce secours ne lui fut
point refusé, et Kisabengo remporta la victoire. Mais,
comme il arrive d'ordinaire, l'allié se fit bien vite protecteur, presque suzerain, et ces rapports de dépendance
se sont tant bien que mal maintenus jusqu'à aujourd'hui.
Voilà pourquoi, à Zanzibar, Hamed, fils de l'ancien gouverneur Seid Soliman, peut encore imposer sa volonté à
Mwana Goméra, mari de la fille de Kisabengo.

Maître du pays qu'il convoitait, l'esclave devenu roi
s'appliqua à se fortifier dans la position conquise. Il
entoura Mrogoro d'un mur de forme quadrangulaire et
haut de quatre mètres. Ce mur en pierres est encore en
bon état. En dehors de cette enceinte, où l'on pénètre par
quatre grandes portes en bois sculpté, il s'est formé une
agglomération suburbaine de cinq à six cents cases
entourées également d'un mur, mais d'un mur en terre
que les grandes pluies ont fait souffrir.

Près de là et à l'ouest coule le Mrogoro, petite rivière
qui descend des montagnes voisines et qui va se jeter
dans le Guéringuéré près du village de Mwana Goméra.
C'est cette rivière qui, en passant, a donné son nom à la
cité africaine bâtie sur ses bords.

Kisabengo est mort depuis une quinzaine d'années;
mais son souvenir est encore vivant, et nul ne prononce
son nom sans un respect mêlé d'admiration et de terreur.

Ses succès, d'autres disent ses brigandages, l'avaient fait connaître au loin, et il était devenu maître incontesté d'une immense étendue de pays. C'est alors qu'il avait pris le titre de Simba-Mwéné (*le Lion souverain*), comme d'autres prennent celui d'empereur.

Après sa mort, son autorité et une partie de son prestige ont passé à sa fille aînée. Elle était donc mariée à Mwana Goméra; mais, oubliant sa simple qualité de conjoint, celui-ci a voulu régner, et l'union a fini par se rompre. Tant il est vrai que partout l'ambition perd les hommes!

Kisabengo eut trois enfants, cette fille et deux garçons. Seule et sans héritier, mais grande du titre de *Lionne souveraine,* la reine divorcée a quitté Mrogoro, nous l'avons vu, pour aller fonder une nouvelle capitale à Mwhalé. L'aîné des fils, *Kingo-mkoubwa* (Kingo le Grand), est allé se fixer dans l'Ousagara; le plus jeune, *Kingo-mdogo* (Kingo le Petit), paraît avoir une vingtaine d'années et est chef de Mrogoro. Sous son gouvernement, l'œuvre commencée avec un si bel entrain ne paraît pas être en voie de prospérité. Ainsi vont les choses en ce pauvre monde. Après Charlemagne, Louis le Débonnaire; après Auguste, Augustule; après Kisabengo, Kingo...

Fils d'un ambitieux, Kingo n'a pas d'ambition. Son père avait planté près du village trois cocotiers dont un seul a survécu. Il avait introduit ou plutôt multiplié le riz, le bananier, le citronnier, le piment, divers arbres fruitiers; mais aujourd'hui rien n'est fait pour développer ces cultures. Des maisonnettes en briques sèches avaient été construites; elles sont en ruine. Seul le tombeau du conquérant est là, en briques sèches aussi, et assez bien conservé : c'est un monument rectangulaire de quatre à cinq mètres de longueur sur deux et demi de largeur. Il est dans l'enceinte du village, près de la case que nous habitions.

Comme j'ai eu l'occasion de le dire, cette case, vaste et bien construite, avait été offerte à nos confrères par Sima-Mwéné. Peu de jours après mon arrivée, la reine vint nous y voir. C'est ici l'occasion de faire le portrait de la *Lionne,* portrait facile d'ailleurs.

Reine de la puissante tribu des Wazigoua, qui autrefois remonta du sud au nord en pillant les établissements portugais de la côte, et qui s'acquit une réputation de bravoure redoutée, maîtresse d'une grande étendue de pays, femme de prince, fille de roi, Simba-Mwéné est moins fière de beaucoup que si, riche d'une peau jaune ou blanche, elle était mariée civilement à un épicier... Elle paraît avoir environ une soixantaine d'années. Quelques cheveux blancs ornent déjà sa chevelure; mais, « légère et court vêtue, » elle soutient gaillardement le poids du temps, du divorce et du pouvoir. Droite, rondelette, de taille moyenne, elle porte sans vanité quelques colliers de perles ordinaires, et est modestement habillée d'un morceau d'étoffe, qui, la prenant sous les bras, descend jusqu'à ses pieds. Elle a des champs qu'elle fait cultiver, qu'elle surveille elle-même, et où elle va souvent égarer ses rares soucis. Au reste, spirituelle moqueuse et point du tout gênée, elle aime à parler et à rire.

Kingo, son frère, venait nous voir tous les jours, et nous lui rendions volontiers ses visites. Sa case ressemble à toutes les autres, distinguée seulement par un pavillon qui flotte sur son toit et un sabre qui pend à sa porte. Kingo, comme je l'ai dit, est un jeune homme dont la barbe pousse, mais pas aussi vite qu'il le voudrait. Il est intelligent et poli, un peu viveur, dit-on, mais point tracassier, point insolent, point tyran. D'une réserve et d'une

A. Pic fermant la vallée où se trouve la mission. — B. Pic semblant s'élever à 2,000 mètres. — C. Sentier des caravanes suivi par Stanley et les explorateurs.
D. Rivière de Mrogoro. — E. Arête de montagnes au sud de Mrogoro marquant la limite entre l'Ouzigoua et l'Oukami.
Mrogoro, capitale de l'Ouzigoua. (P. 202.)

affabilité réelles, il aimait à s'asseoir avec nous et fumait volontiers un cigare ; mais, empressé quand nous lui montrions un fusil, une montre, un objet d'Europe, il se retirait aussitôt qu'il nous voyait occupés, ou, comme on dit ailleurs, *prêts à nous mettre à table*. Mais évidemment il y a là une figure hardie dans le genre de celle, par exemple, dont le poète s'est rendu coupable en disant : *equitare in arundine longa ;* seulement cette expression m'amène à parler de notre intérieur, de notre ménage.

Les ballots (étoffes, provisions, etc.) avaient été placés dans un compartiment de la case. Ailleurs, les cinq missionnaires avaient de leur mieux dressé leurs lits de camp ; mais l'emplacement du matin n'était pas toujours celui du soir, et souvent dans la nuit, réveillé par les moustiques, les rats, la fièvre, l'un ou l'autre se surprenait circulant dans tous les coins, cherchant une position introuvable et finissant d'ordinaire par s'arrêter dans une caisse. Pour comble de malheur, nous eûmes en ce temps-là beaucoup de pluies, et quoique protégés par un toit royal, l'eau perça si bien, qu'elle tombait sur nous comme à travers un panier. Le jour nous bravions l'infortune, mais la nuit, à la lueur d'une lanterne que le vent secouait, nous avions peine à mettre à l'abri nos provisions et nos effets. Quant à nous, nous étions souvent trempés jusqu'aux os, malgré le parapluie dont nous nous armions sans vergogne sur nos grabats. Le lendemain de ces épisodes, la fièvre nous prenait quelquefois assez violente. Alors ceux qui se portaient mieux soignaient les infirmes ; et même, de temps à autre, il y en avait qui trouvaient assez de gaieté dans leur cœur pour improviser des musettes et des mirlitons avec les roseaux de la rivière voisine, et charmer les ennuis des malades par des airs patriotiques, comme celui du *roi Dagobert*.

Une consolation cependant nous restait. Avec des caisses superposées, et avec des étoffes dont nous avions fait des tentures, nous avions installé un autel sur lequel Notre-Seigneur descendait chaque matin, excepté lorsque, la pluie de la nuit ayant été trop forte, la boue qui encombrait le pavé de notre misérable réduit nous empêchait de dire la messe. Ce fut là que nous passâmes les fêtes de Noël. Pauvre manière, hélas! de célébrer l'anniversaire de la naissance d'un Dieu, si nous n'avions pas su que notre palais de Mrogoro valait peut-être encore mieux que son étable de Bethléhem!...

XV

« A quelque chose malheur est bon! » dit le proverbe;
et le proverbe a raison. Ce séjour involontaire et prolongé
à Mrogoro, où nous attendions toujours Séliman avec des
lettres de Zanzibar, nous mit en relation plus directe et
plus suivie avec la population.

Une chose frappe bien l'étranger dans ce milieu, et le
frappe jusqu'à l'étonnement.

S'il est sans chauvinisme outré, sans préjugés, ce qui
le frappe, c'est la ressemblance singulière qui existe entre
un village africain et un village européen. Décidément les
noirs et les blancs sont fils d'un père et d'une mère qui
n'étaient ni tout à fait noirs ni tout à fait blancs, mais qui
à coup sûr avaient une nature dont les qualités et les
défauts ont passé, quoique à des degrés divers, à tous les
enfants.

Le chef de la famille est laboureur, parfois forgeron,
toujours chasseur, souvent guerrier. Assez bien traitée
dans cette tribu, où le sceptre est tombé en quenouille, la
femme fait la cuisine, va chercher l'eau à la rivière, porte

les enfants sur son dos et travaille aux champs. On ne trouve guère la polygamie que chez les grands chefs. C'est ici comme ailleurs !

En général, la paix semble régner dans ces ménages; mais là non plus l'atmosphère de la case n'est pas à l'abri de tout orage. Le lendemain de notre arrivée, un de nos voisins, le ministre de la guerre ou le général en chef de l'endroit, vint dès sept heures du matin trouver le P. Baur. Le pauvre brave homme avait la tête basse, penchée sur un enfant de trois à quatre ans qu'il portait dans ses bras et qui pleurait :

« Brute que je suis, fit-il pour commencer, j'ai battu mon enfant !...

— Mais, lui dit-on, si ton enfant est méchant?

— Oh! non, reprit l'excellent homme, c'est moi qui ne vaux rien... Écoute : cette nuit, ma femme m'a insulté. J'ai pris mon bâton, et j'ai frappé... Elle avait l'enfant dans ses bras, la misérable, la coquine, et moi, brute, j'ai battu l'enfant ! »

De la part d'un ministre de la guerre, ces violences se comprennent mieux et s'excusent plus aisément. Mais lui ne voulait point d'excuses.

« C'est cette scélérate de femme, qui est une bonne femme pourtant...; moi je suis une brute, j'ai frappé mon enfant! »

De fait l'enfant avait reçu sur la tête un coup de bâton qui avait porté : le crâne était fendu. Le P. Baur lava la blessure, donna du sucre au petit et mit sur la plaie un peu de taffetas d'Angleterre. Quelques jours après, tout était fini. Mais, encore une fois, c'est donc ici comme ailleurs !

La population est assez laborieuse; mais l'ardeur au travail est loin d'être égale en toute saison. Au temps des semailles, les hommes partent le matin de bonne heure et s'en vont aux champs, quelquefois très loin du village, une serpe ou une hache à la main, une pioche sur l'épaule, avec une lance, un arc et dès flèches. Ils sont suivis des femmes qui ne sont point retenues à la case par les soins du ménage. On défriche la forêt, on brûle les herbes, on abat les arbres, on retourne un peu la terre, et on sème. Alors, pendant que la nature travaille, l'homme se repose, jusqu'à ce que, le maïs ou le sorgho portant des graines, il se relève pour aller chasser les oiseaux, les singes et les sangliers qui dévastent les plantations. Perché sur un arbre, dans une hutte qui ressemble au nid de quelque oiseau gigantesque, le veilleur crie toute la journée et toute la nuit pour éloigner les maraudeurs. Cette occupation est ordinairement celle des enfants. Vient la récolte : les hommes alors emmagasinent tout ce qu'ils peuvent, sans ambitions d'ailleurs, sans inquiétude, sans soucis du lendemain. Ces provisions suffisent à peu près pour mener une famille d'une récolte à l'autre; mais il est rare qu'on prévoie les pertes possibles, les incendies, les sécheresses, les guerres, etc. Donc, pas de provisions superflues, pas de compagnies d'assurances. Quand on n'a plus rien, on va chez le voisin, qui ne refuse jamais; et si le voisin n'est pas plus riche que celui qui vient à lui, on se serre le ventre de compagnie, et on avise. C'est ici comme ailleurs!

Parfois, la nuit, nous entendions passer devant notre case quelques compères qui, après s'être oubliés dans des libations trop fortes de pombé, s'en allaient frapper aux portes closes pour demander à boire, et qui, rebutés, s'éloignaient en chantant des *Marseillaises* dont j'ai retenu le refrain :

« Je suis *Pakatcha*, je n'ai point de père, je n'ai point

de mère. — Mon père, à moi, c'est le couteau; ma mère, c'est la lance. — Je suis *Pakatcha;* je suis voleur de nuit... »

C'est ici comme ailleurs!

Ceux qui sont chargés de traiter une affaire délicate ont soin d'amener la chose de loin, et ils connaissent à fond l'art des sous-entendus et des transitions. S'agit-il, par exemple, de vendre une poule? On commencera par parler de la santé, du temps, du pays, de tout. Au milieu de ces considérations cependant le marché devra se faire; mais il n'aura l'air que d'un incident. On connaît les manières. C'est ici comme ailleurs!

Les vieux et les vieilles travaillent peu; mais, par habitude ou par dignité, ils tiennent à paraître toujours occupés pour montrer à leurs enfants et à leurs petits-enfants, à leur gendre, à leur bru, qu'ils ne sont point chez eux par charité, et qu'ils gagnent bel et bien leur vie. Quand le soleil est beau (il est presque toujours beau dans ce pays), ils aiment à s'asseoir dans la poussière, le dos contre la case, l'œil fixé vers un point qu'ils ne regardent pas, et, sur un bâton qu'ils tiennent des deux mains, leur vieux menton branle. C'est ici comme ailleurs!

Les vieillards aiment les enfants. Ceux-ci s'amusent souvent près de ceux-là, traînant à l'aventure, dans une poussière pleine de soleil, leurs mains potelées et crasseuses, leurs joues rondes, leurs petites têtes crépues, leurs nez morveux, leurs ventres énormes. Ces enfants crient peu, parlent de bonne heure, et demandent aux vieux, qui sourient d'aise, le nom de tout ce qu'ils voient, le pourquoi de tout ce qu'ils ne comprennent pas, et la vie qui tombe aime à instruire la vie qui pousse. Ils ont d'ordinaire les doigts dans le nez. C'est ici comme ailleurs!

Plus âgés, les enfants courent et s'amusent. Les garçons se font de bonne heure un petit arc, et ils ont des flèches en bois dont l'extrémité pointue va souvent frapper un oiseau qu'elles étourdissent; d'autres chassent à la glu en posant de légères branchettes, enduites d'un suc végétal qu'ils connaissent, sur un peu de sable semé de quelques grains de sorgho; d'autres encore, tout en gardant les moutons ou les chèvres, creusent des trous au fond desquels ils jettent du maïs : les petits oiseaux s'approchent, descendent, se régalent, et alors le chasseur se traîne jusqu'à l'embuscade, qu'il couvre subitement d'un morceau de toile. Les petites filles ne chassent pas, mais volontiers elles pilent le mtama; elles vont chercher de l'eau, et plus volontiers encore elles emmaillotent une calebasse dans un peu de linge, et la soignent, et lui parlent, et l'habillent, et la grondent, et l'embrassent, et la frappent comme une mère fait de son enfant. La calebasse se prête à tout; elle a une tête et un ventre. Or une tête et un ventre, c'est presque tout l'homme. C'est ici comme ailleurs!

Les jeunes gens se dressent, marchent d'un certain air que tout le monde n'a pas, ne font aucune attention aux marmots, caressent à la dérobée le peu de poil qui leur pousse au menton, se regardent dans l'eau calme et claire et crachent de loin. Tout cela donne de l'importance et montre qu'on est capable. C'est ici comme ailleurs!

Mais, dans toute cette vie d'un village qui n'a jamais rien vu de notre civilisation européenne, ce qui m'étonna surtout, ce qui m'intéressa, ce qui me jeta tout un soir dans un océan de considérations intérieures toutes plus philosophiques les unes que les autres, ce fut la calebasse, ce fut la poupée. Une poupée, le voilà donc en pleine Afrique, cet éternel jouet de la nature humaine!

Une poupée! saint Jérôme en parle dans ses lettres, et parfois, dans les fouilles des environs de Rome, lorsque l'on découvre un tombeau, on en trouve une entre les mains d'un squelette d'enfant : ainsi la poupée est de tous les temps, elle est aussi de tous les pays.

Et cela me fait croire ce que je savais déjà, que l'homme du Ier et du XIXe siècle, que celui de Paris, de Pékin, de Montévideo et de Mrogoro ont la même nature, les mêmes goûts, les mêmes penchants, et qu'ils doivent appartenir à la même espèce : *l'espèce humaine.*

XVI

AUTORITÉ POLITIQUE — IDÉES RELIGIEUSES — DIEU

Au point de vue politique, Kingo est donc chef de Mrogoro et des environs, sous l'autorité de sa sœur Simba-Mwéné.

Souvent assis sur son âne de Mascate, comme Henri IV sur son cheval du Pont-Neuf, Kingo va visiter les villages de sa dépendance et boire le pombé avec ses loyaux sujets. Son autorité est sans prétention ni tyrannie, mais elle ne se laisse pas discuter. Un jour, une querelle était survenue devant nous entre les gens de Mrogoro et ceux de villages voisins. Les gros mots commençaient, les provocations se croisaient dans l'air, les poings se crispaient, et une mêlée était imminente, quand Kingo parla. Un mot suffit pour disperser la foule.

Que dire maintenant de la religion de ces pauvres gens? En ont-ils une, et quelle est-elle? Assurément on serait, je pense, bien embarrassé pour trouver chez eux un corps de doctrines et de pratiques constituant ce qu'on appelle d'ordinaire une *religion*. Mais il n'est pas nécessaire d'habiter là bien longtemps pour s'apercevoir qu'ils ont, les uns plus, les autres moins, les uns beaucoup, les autres presque pas, des idées surnaturelles. En résumé, la masse croit à une puissance supérieure sur laquelle on ne disserte pas aisément, mais dont le nom revient souvent sur les lèvres du peuple : « Dieu l'a voulu, Dieu l'a fait, si Dieu le permet. » *Mooùngou, Mouloungou, Mouroungou* est le nom de cet être suprême.

Toutefois Dieu ne reçoit pas de culte; il est bon, et l'homme n'a rien à craindre de lui.

Il n'en est pas de même de certains esprits qui prennent un malin plaisir à tourmenter les mortels. Ceux-là, il faut les apaiser, les amadouer, les faire taire, et on y parvient en leur sacrifiant ce qu'ils demandent par l'organe des sorciers.

Mais à côté de ces esprits mauvais par nature, il y en a qui ne le sont que par occasion. De ce nombre est *Mzimou,* qui hante les montagnes, les rochers nus, les cavernes, les lacs, les figuiers, les baobabs, certains cactus, tout ce qui dans la nature présente un aspect singulier. Au Mzimou on construit de petites cases, on fait une espèce de perchoir chargé de guenilles, on offre du riz, du maïs, du pombé.

Quant à la moralité des actes, il est évident que ces pauvres sauvages sont loin de la délicatesse professée par les nations chrétiennes. Mais les grands principes de la loi naturelle sont écrits dans ces âmes. Quel est l'homme d'ailleurs qui n'a jamais entendu le cri de sa conscience, qui n'a jamais constaté la présence du témoin de jour et de nuit que Juvénal donne à chacun de nous :

Nocte dieque suum gestare in pectore testem?

Ici une chose reste à dire, de nature peut-être à expliquer les divergences d'opinion qui se rencontrent au sujet de l'universalité de la croyance en Dieu.

Dans une excursion que je fis en ce temps-là sur les montagnes de l'Ourougourou, je trouvai un jour un noir d'une vingtaine d'années, à la figure douce, bonne et intelligente, qui demanda, comme beaucoup le firent plus tard, à venir s'établir avec nous. Cette proposition me surprit et m'édifia. J'essayai aussitôt de connaître les motifs de sa détermination, mais je ne pus y arriver; il voulait venir avec nous, parce qu'il le voulait. Impossible de lui arracher autre chose. Peu à peu je fus amené à lui demander s'il savait qui a fait le ciel et la terre.

« Non, me dit-il.

— Mais n'as-tu pas entendu quelquefois parler de *Mooûngou* (j'ai dit que c'est le nom donné à Dieu dans tout le Zanguebar)? Ne l'as-tu pas prié?

— Jamais.

— Tu n'as jamais dit : « Mooûngou, donne-moi ceci, « donne-moi cela, accorde-moi bonne chasse, ne me « laisse pas manger par les lions; » n'as-tu jamais dit cela ?

— Non.

— Eh bien! que penses-tu? Est-ce qu'il n'y a pas quelqu'un de plus fort que l'homme, de plus puissant, de plus...

— Oh! oui, fit-il avec satisfaction, c'est le buffle... »

Voilà, je l'avoue, tout ce que je pus tirer du fond de cette âme prédestinée... Cependant faut-il conclure de là que ce jeune homme n'avait aucune idée d'une puissance surnaturelle quelconque? Non, parce que peut-être, d'abord, il est très difficile de parler de telles choses en ces langues, très difficile de s'exprimer, très difficile de se faire comprendre, très difficile de se faire répondre; non, en second lieu, parce qu'il pouvait avoir l'idée d'une force surnaturelle, d'un esprit, d'un *mzimou,* d'un *pépo,* sans avoir l'idée de la puissance supérieure dont je lui parlais.

Cependant, si Dieu est connu dans ce pays, comme je l'ai dit, il est certain qu'il n'y reçoit aucun culte; il est certain que les parents ne se font pas un devoir d'enseigner son existence à leurs enfants; il est certain, pour tout dire, qu'on ne s'occupe pas de lui. Plusieurs le connaissent cependant; son nom a passé dans les langues, et revient parfois dans les conversations; et ce nom suffit pour faire vivre tout de suite dans une âme jusque-là inattentive, mais non impuissante, l'idée si naturelle, si simple et si grande d'un Dieu. Mais sur ces montagnes, dont jamais un rayon de civilisation n'a éclairé les cimes, ne peut-il exister des cas où un homme ait parcouru vingt années de sa vie sans entendre parler de cette puissance souveraine et sans deviner lui-même son existence? Pendant vingt ans il n'a rien vu; mais en avançant dans la vie, au milieu de ses semblables et en face de cette nature, il est probable qu'il aura entrevu, avant de mourir, l'existence d'une puissance supérieure et surnaturelle : il aura à son tour prononcé le nom de Dieu.

En résumé, il peut exister et il existe, je pense, en Afrique et ailleurs, des individus sans Dieu; mais il n'existe pas de tribus sans Dieu.

XVII

La vie du missionnaire a de ces phases singulières. Il doit être vraiment prêt à tout, car il est appelé à tout voir, à tout faire et à tout souffrir. Aujourd'hui il faut qu'il coure par monts et par vaux, qu'il se montre, qu'il se fasse connaître, qu'il se nomme, qu'il agisse, qu'il se remue, qu'il se prodigue. Demain peut-être il devra se cacher. Tantôt le voici explorateur, philologue d'aventure, ethnographe à l'occasion, étudiant tout pour faire son profit de tout, et essayant péniblement de démêler ce chaos de langues inconnues qui frappent son oreille au milieu de cet autre chaos de mœurs étranges qui frappent ses regards. Ailleurs, il a besoin de négocier les affaires les plus épineuses, et il se fait diplomate; d'autres fois il est médecin; en passant il étudie les roches, prend note de quelques plantes utiles, ramasse des insectes, empaille des oiseaux et chasse pour vivre... Plus tard, le voici bûcheron, briquetier, maçon, charpentier, cultivateur et manœuvre. Et tout cela n'a qu'un but : sauver des âmes!

Notre rôle, à nous, était bien simple en ce temps-là et bien difficile : il s'agissait de ne rien faire...

Tous les matins nous nous demandions si notre vieux Séliman n'allait pas arriver, et tous les soirs nous constations que Séliman n'était pas venu.

Enfin, comme il advient d'ordinaire en ces cas-là, lorsque nous n'espérions plus en lui, il parut. Séliman était porteur d'une lettre de Hamed pour Mwana Goméra, et deux hommes l'accompagnaient. Ces envoyés étaient chargés de nous recommander près de notre ennemi, de le gronder un peu et de lui lire la lettre suivante :

AU NOM DE DIEU

*Hamed-ben-Séid Séliman-ben-Hamed
à Mwana Goméra, salut!*

« Puis ce dont je te fais part, c'est que tu m'avais promis depuis longtemps que tu viendrais me voir à Zanzibar, et tu n'es pas venu. Ma femme est morte, et tu n'es pas venu. Mon enfant est mort, et tu n'es pas venu. Tu m'avais promis des dents d'éléphants, et tu ne m'as rien donné. Et j'ai dit : « Où est Mwana Goméra?... » Ce que j'ai à te dire encore, c'est que des Pères français sont allés à Mrogoro pour voir le pays et bâtir une maison, s'il plaît à Dieu! Et je veux que tu les reçoives bien et que tu les aides, et que tu leur fasses beaucoup de politesses, et ces politesses que tu feras aux Pères français et surtout au Grand-Maître seront des politesses que tu feras à moi-même, et les injures que tu leur ferais seraient des injures que tu ferais à moi-même. Les Pères français et moi nous nous tenons par le doigt. Telle est la volonté du sultan Séid-Bargasch-ben-Séid-Said, que Dieu conserve, s'il plaît à Dieu! Et je t'envoie deux hommes. Et ils te remettront une chemise brodée d'or et un bonnet.

« Salut !

« Signé : HAMED-BEN-SÉID SÉLIMAN. »

Où le bâton ne suffit plus. (P. 225.)

Aussitôt qu'il avait appris la difficile position où nous étions par suite du mauvais vouloir de Goméra, le R. P. Acker de Zanzibar s'était mis en mouvement. Puissamment secondé par le consul de France, M. Ledoulx, qui profita de cette occasion pour nous témoigner de nouveau sa haute sympathie et nous appuyer de son bienveillant concours, notre confrère avait obtenu du sultan et de son vizir ces lettres et ces hommes.

L'effet fut magique. Aussitôt que Mwana Goméra eut reçu les présents qu'on lui envoyait pour cacher un peu la rudesse des reproches qui lui étaient faits, aussitôt qu'il eut appris que nous étions les amis de Séid-Bargasch et de Hamed, il se confondit en excuses devant nous. Plus il avait naguère affirmé son opposition, plus il tenait aujourd'hui à affirmer son dévouement.

« Je ne croyais pas, répétait-il, que ces blancs fussent de la tribu des Français; maintenant je sais bien qu'ils ne voleront ni nos esclaves ni nos femmes. Je suis leur ami. Que veulent-ils? Du terrain? En voilà. Des ouvriers? Mes hommes sont leurs hommes. Où désirent-ils se fixer? Si c'est au sommet de la montagne, je les y porterai sur mon dos! »

L'heure était venue de sortir de notre repos, l'heure tant désirée!

Chargé de diriger la station nouvelle, le P. Charles Gommenginger n'avait point attendu, on le comprend, que Goméra vînt présenter ses épaules pour escalader les premières rampes de l'Ourougourou. Dès avant notre arrivée, le R. P. Baur et lui avaient parcouru le pays, et leurs vues s'étaient portées de préférence sur une vallée fertile, boisée, coupée par un cours d'eau torrentueux, qui sans tarir jamais descend avec fracas dans la plaine, où il se repose de sa course à travers les rochers de la montagne. On est là à une altitude de près de six cents mètres; l'air est frais, le sol rouge et fertile, l'eau claire et abondante, la vue splendide.

En peu de temps, sur ce terrain que la Providence s'était réservé, des huttes provisoires s'élevèrent, faites de branchages et couvertes de grandes herbes; l'une servait de gîte aux jeunes chrétiens; dans l'autre, à côté des provisions, des étoffes et des outils, les missionnaires avaient dressé leurs lits de camp. Un petit parc avait été fait pour abriter les chèvres et les moutons, un autre pour les poules, un autre pour les chiens. Peu à peu aussi on avait défriché le terrain aux alentours et planté un peu de maïs, des patates, des haricots, quelques pieds de bananes. Une maison un peu plus spacieuse et plus solide s'élevait en même temps. Et il y avait plaisir à voir tout ce monde se remuer, travailler, débiter le bois, chercher des vivres, faire la cuisine : la vie jaillissait de partout.

Le matin, on se levait vers cinq heures; la messe se disait en plein air sous la tente. Le soir, on finissait le travail au coucher du soleil, et, pendant que nos jeunes ouvriers, réunis autour de grands feux, fredonnaient quelques airs de cantiques, les missionnaires, assis à la porte de leur case de branchages construite dans le style Robinson, se racontaient leurs impressions du jour, leurs déceptions, leurs découvertes et leurs espérances. Une lampe suspendue à un tronc d'arbre se balançait au-dessus de nos têtes, et autour de la lumière qu'elle répandait les grillons faisaient retentir leur son aigu, les papillons de nuit se réchauffaient les ailes, et mille autres insectes accouraient se heurter avec bruit. Devant nous s'étendait la forêt, dont les arbres prenaient dans les ténèbres des airs fantastiques, et tout près de là s'élevait la voix monotone du torrent. Parfois le rugissement du lion montait du fond de la forêt; mais la bête ne s'est montrée qu'une fois.

C'était un soir. Nos chèvres s'en étaient allées faire à travers les hautes herbes, je ne sais où, une de ces promenades sentimentales et vagabondes dont elles sont coutumières; celle-ci pouvait leur être fatale, et, en tout cas, elle n'était point régulière. Nous nous mîmes aussitôt en campagne pour les ramener; mais le P. Gommenginger avait fait quelques pas à peine, que tout à coup, au milieu des hautes herbes, une queue se dresse, un sourd grognement se fait entendre, et d'un bond un animal s'élance au-dessus de lui : c'était un lion qui emportait un sanglier dans la gueule avec la légèreté gracieuse d'un chat qui vient de prendre une souris. Ce Père était armé d'un bâton : dans ces circonstances l'arme ne suffit pas.

L'hyène était plus libre, et souvent la fantaisie ou la faim l'amenaient jusqu'à notre gîte, où elle ramassait dans la nuit les débris de notre repas. Un coup de fusil la chassait.

XVIII

Dans ce travail d'installation, chacun de nous avait sa place et ses fonctions. L'un était chargé de recevoir les indigènes et de nouer avec eux des relations; l'autre était architecte, entrepreneur et maître maçon; celui-ci allait avec les hommes chercher de l'herbe pour couvrir les cases et couper les bois pour la charpente; celui-là faisait des provisions, échangeant, moyennant force paroles, le maïs, les poules et les chèvres des noirs, contre des cotonnades et des pioches, des verroteries et des boutons. Quant à moi, j'explorais.

Cette mission consistait à parcourir tout le pays, à descendre dans les vallées, à escalader les montagnes et à rendre compte ensuite de ce que j'avais vu. Y avait-il de beaux arbres? Nous en ferions des planches. Des essences précieuses? Nous essayerions de les utiliser. Des bambous? Ils serviraient pour les toitures. Des pierres calcaires? Nous avions besoin de chaux. Quelques bandes de pintades? Personne ne les dédaignerait. Des villages? Il fallait y aller. Des noirs? Nous devions nous mettre en relation avec eux, les rassurer sur notre présence et nos intentions, les attirer à nous, leur acheter des vivres, leur offrir du travail, en faire de bons voisins aujourd'hui, pour en faire de bons chrétiens demain.

Ah! que ces courses étaient fatigantes, mais qu'elles étaient belles!... Chaque pas en avant amenait une surprise nouvelle, provoquait un cri d'admiration involontaire. Et que de fois, en parcourant ces vallées superbes, larges, profondes, où depuis des siècles, attendant le bras d'un homme pour se donner à lui, le sol se couvre incessamment d'une végétation luxuriante qui, après avoir vécu inutile, retombe dans la couche d'humus d'où elle est sortie et pour l'augmenter chaque saison; que de fois, dis-je, contemplant ces richesses perdues, j'ai pensé aux populations qui étouffent dans nos villes européennes, s'arrachant un coin de terre, et se disputant l'air qu'elles respirent! De l'air et de la terre, en voilà; que ne vient-on les chercher? Il y a beaucoup de pauvres dans le monde, dit-on. En réalité, tout homme qui se porte bien est riche: il y a en Afrique des terres immenses qui sont à lui. Il les laisse en friche, voilà tout. Qu'il les prenne, personne ne lui contestera son droit : elles sont à lui, puisqu'elles ne sont à personne! Je soumets humblement cette idée aux économistes célèbres du temps présent : cette manière de s'enrichir est peut-être moins agréable à ceux qui n'ont rien que de partager avec ceux qui possèdent, mais à coup sûr elle est plus honnête.

Ces vallées sont d'une fertilité prodigieuse; mais, quand on est seul, il est imprudent de s'y aventurer, et je n'eus pas besoin d'une longue expérience pour m'en convaincre. La végétation recouvre tout; l'homme disparaît là dedans comme un insecte dans l'herbe, exposé à se heurter contre une pierre, à se déchirer les pieds aux épines, à tomber

Torrent dans l'Ourougourou. (P. 231.)

dans un trou, à fouler un serpent, à réveiller un léopard, à perdre de vue enfin le but vers lequel il se dirige, à s'égarer, à être surpris par la faim, par la soif, par la nuit.

Les torrents sont plus sûrs et plus agréables. Le Tonguéni, qui passe à côté de la mission, est particulièrement beau, et il est intéressant de le remonter comme de le redescendre, en sautant de roche en roche.

Le Tonguéni prend sa source entre les deux pics qui se dressent au sud à dix-huit cents mètres d'altitude, le Bégwa et le Kibwé, et, arrivé dans la plaine, il se réunit à un autre cours d'eau pour former le Mgololo, que nous avons vu près du village de Ngouzo, et qui va paisiblement se jeter dans le Guéringuéré. Il donne toute l'année un volume d'eau assez considérable; mais, à l'époque des pluies, il descend de là-haut avec un fracas majestueux, roulant ses eaux toujours claires à travers d'énormes rochers granitiques, tombant de cascades en cascades et emportant les pierres qui encombrent son lit, les lianes qui l'ombragent, les troncs d'arbres qui s'étaient élevés sur ses bords. Quelques écrevisses y vivent, des crabes aussi. Des oies au long col viennent s'y baigner, et des bergeronnettes battent partout ses gros rochers de leurs queues légères.

Mais, dans ce paysage africain, ce qui attire surtout, ce sont les montagnes, ce sont les sommets. Bien des fois, en regardant les deux pics qui se dressent là-haut comme un perpétuel défi, tantôt enveloppés dans les nuages, tantôt tout illuminés, toujours mal famés des indigènes, qui disent que le diable y habite; bien des fois, en découvrant, dans un lointain indistinct et mystérieux, des cavernes, des forêts, des profondeurs, j'avais eu l'ardent désir de monter jusque-là.

Enfin, des excursions plus modestes m'ayant préparé à cette ascension solennelle, un matin je partis. J'étais armé seulement d'un bâton, muni de quelques provisions, et portais une gourde en bandoulière. Après avoir remonté assez haut le lit du torrent, j'avisai à gauche un petit sentier conduisant dans l'Oukami à travers les contreforts des grandes montagnes. Je le suivis d'abord pour l'abandonner ensuite, et me livrer aux chances et aux aventures de l'escalade. Là surtout est le danger. Là surtout il faut s'assurer à chaque instant de l'endroit où poser le pied, chercher des passages, s'accrocher à des racines et à des touffes d'herbes, se reposer de temps en temps, et éviter de laisser tomber ses regards sur les gouffres qui semblent vouloir tout attirer dans leurs profondeurs. Dans ces escalades, le voyageur doit veiller sur son jarret, mais plus encore sur sa tête. Au reste, une fois lancé, on est là comme à la bataille; on s'échauffe, on s'enivre; on est dominé par je ne sais quelle ardeur sauvage qui vous soulève et vous entraîne jusqu'à ce qu'elle vous ait fait mettre le pied sur le sommet.

J'arrivai enfin, et alors tout ce que j'avais imaginé disparut devant la réalité, une réalité plus belle, plus grandiose que tous les rêves.

XIX

Voilà donc l'Ourougourou, montagnes superbes, entassées l'une sur l'autre jusqu'à une hauteur de mille huit cents à deux mille mètres, et faisant l'effet de je ne sais quel énorme ouvrage de maçonnerie dressé là par les géants antiques comme pour soutenir le haut plateau de l'Oukami, et l'empêcher de s'ébouler sur la grande plaine de l'Ouzigoua.

Du côté du sud, la vue est bornée : des montagnes succèdent à des montagnes. Cependant des vallées profondes les séparent, mais des vallées si belles, si pittoresques, si sauvages, que, ce me semble, aucune plume ni aucun crayon ne peut les présenter telles qu'elles sont à l'esprit de celui qui ne les a pas vues. Du fond de ces abîmes s'élancent par milliers des troncs d'arbres droits, lisses, énormes, qui semblent vouloir, eux aussi, aller respirer l'air sur les hauteurs, et qui portent jusque-là leurs têtes puissantes. Alors seulement les branches s'étendent, se multiplient, s'enchevêtrent et se couvrent librement d'un luxe de feuillage, dôme immense de verdure que le soleil n'a jamais traversé. Il y a là des arbres qui ont dû vivre des siècles, qui pendant des siècles se sont dressés de là-bas pour arriver à dominer les montagnes. Mais, assiégés par d'autres arbres qui sont nés de leurs graines et qu'ils ont longtemps empêché de grandir, serrés, pressés, enlacés jusqu'au sommet par les bras innombrables de lianes gigantesques, ne respirant plus en haut, et ne pouvant plus faire monter d'en bas la sève qui était leur force, ces géants de la vallée perdent enfin leur vigueur. Alors leurs feuilles là-haut se dispersent au vent, leur écorce se détache en lambeaux, et, en un jour de tempête, les branches elles-mêmes tombent avec un fracas douloureux sur les broussailles qui demandent à s'élever à leur tour. L'arbre est mort, mais le tronc reste toujours là, énorme et droit comme la colonne d'un édifice en ruine.

Je ne reconnus aucun de ces arbres; mais je fus frappé, en même temps que de la dimension du tronc et de la magnificence de la tête, de la ressemblance de leur feuillage avec celui du chêne.

En haut, sur la montagne, il y avait des arbres beaucoup plus petits, rabougris même, et visiblement tourmentés dans leur croissance par les vents qui soufflent sur ces sommets. Leurs branches tordues portaient des mousses de différentes espèces, les unes vertes et foliacées, les autres, plus nombreuses, blanchâtres, longues, pendantes et ressemblant à des barbes de vieillards. Je vis aussi des dattiers sauvages (*phœnix spinosa*), quelques ficus géants, de la fougère absolument semblable à celle de Bretagne dont je me fis un lit, de l'oseille que je mâchais avec délices, des ronces, des framboisiers, et, dans les anfractuosités humides des rochers, d'énormes végétaux herbacés pareils à des bananiers, et dont les graines entrent dans la pharmacopée indigène.

Peu ou point de grands animaux sur ces hauteurs : ils vivent plus bas. Les oiseaux mêmes y sont rares, excepté les perdrix et les pintades, que l'on trouve sur les premiers contreforts, et les corbeaux à gorge blanche (*corvus scapulatus*), qui y sont d'une hardiesse étonnante. M'étant endormi sur ce lit de fougères, je fus réveillé par quelques-uns d'entre eux qui s'étaient abattus sur moi, me prenant sans doute pour ce que je n'étais pas encore... Pendant ce temps, d'autres s'amusaient avec mes souliers.

Dans les vallées, on trouve un grand nombre de plantes utiles et intéressantes : le baobab, l'ébénier (*darbergia*); le canéficier, dont le fruit, la casse, est légèrement purgatif; le ricin (*palma christi*), dont les indigènes font de l'huile; le colombo (*cocculus palmatus*), plante sarmenteuse et tonique; le safran sauvage, une espèce de bambou frêle et très dur, etc.

Là aussi des sauterelles grosses et laides montent lentement sur des herbes, pendant que des criquets aux ailes roses et bleues volent au loin comme de petits oiseaux-mouches. D'énormes iules se traînent par terre, des serpents cracheurs et grimpeurs s'enfuient au moindre bruit, des écureuils courent à travers les branches, des mangoustes rayées font entendre leur petit cri aigu et caressant, les pangolins se creusent des terriers, et les porcs-épics s'établissent dans de grandes fourmilières.

Mais à mesure que l'on monte, la vie semble perdre de sa vigueur : les herbes sont moins hautes, les variétés plus rares, les insectes moins nombreux, peu ou point de papillons.

Ces montagnes sont granitiques, recouvertes de végétation en beaucoup d'endroits et laissant en d'autres apparaître d'énormes rochers nus à travers lesquels l'eau suinte perpétuellement, et forme au-dessous de petits ruisseaux d'une fraîcheur et d'une limpidité délicieuses.

Parmi les pierres on trouve aussi des gneiss, des mica-schistes, des schistes, beaucoup de plombagine. Le sol, argilo-ferrugineux, est rouge et contient une forte proportion d'oxyde de fer.

Les sommets sont rarement fréquentés par l'homme, car les indigènes croient que les esprits y font leur demeure. A une altitude de quatre cents à mille mètres on trouve des villages assez nombreux. J'en visitai plusieurs, et ce ne fut pas la moins agréable de mes découvertes que de rencontrer là des montagnards réunis par groupes de dix à vingt familles, simples, naïfs, bons, hospitaliers, heureux et à la fois intimidés de ma présence, mais se rassurant bien vite et toujours assez confiants pour venir ensuite à la mission nous rendre visite. L'amitié se cimentait là plus fort, et, dès les premiers jours, un chef, Korongo, avait demandé à venir s'établir près de nous avec tout son village. Ces montagnards, en effet, se sont retirés sur ces hauteurs par crainte des gens de la plaine, et quand ceux-ci veulent les attaquer, ils roulent sur eux des pierres et leur lancent de leurs retraites inaccessibles des flèches empoisonnées.

Ces braves noirs travaillent. Leurs champs sont généralement situés très loin, dans les fertiles vallées qui s'étendent au bas de la montagne, et nous les voyons souvent descendre pour aller les cultiver. Les sentiers étant difficiles et dangereux, les femmes restent d'ordinaire au village avec les enfants. Un homme ou deux demeurent avec elles, montant la garde et signalant l'ennemi. On trouve aussi partout de grands troupeaux de chèvres qui s'en vont, avec la hardiesse commune à leur race, promener leurs caprices à travers les ravins profonds et sur les rochers escarpés.

A l'ouest, au nord et à l'est, le regard embrasse de là-haut un panorama de toute beauté. Voici d'abord les premières assises de la montagne, les vallées boisées, les eaux torrentueuses qui s'enfuient en grondant, les cases des montagnards assises partout comme des nids d'aigles, les grottes profondes, les vieilles forêts, les rochers dénudés; plus bas, les champs couverts de maïs, la plaine admirablement unie; à quelque distance, Mrogoro et les caravanes qui passent; au loin, d'autres villages perdus dans les bois, le cours du Guéringuéré marqué par une ligne de grands arbres qui croissent sur ses bords; à gauche, les monts Mindou, puis le Mgourwa Ndégué; à droite le Dindili, et en face la plaine de l'Ouzigoua, verte, fertile, peuplée d'arbres comme une forêt sans fin, et qui s'étend là-bas, si loin que l'œil se fatigue à la suivre, jusqu'aux déserts blanchâtres de la Mkata, jusqu'à la ligne imperceptible du Wamé, jusqu'aux montagnes du Ngourou, qui bornent l'horizon de leur masse bleue, jusqu'à ces trois pics de Kilima Kanga qui se dressent encore au delà, jusqu'à ces deux cônes du Pongwé, vers la côte, qui disparaissent dans la brume lointaine.

Quand le ciel est clair, ce beau ciel d'Afrique, on jouit de là-haut d'une vue superbe; mais, si l'orage menace, ce tableau ne change que pour devenir plus vivant et plus grandiose. D'ordinaire, par une atmosphère sereine, vers quatre heures de l'après-midi, on entendait dans le lointain un sourd roulement de tonnerre. Bientôt le soleil nous était caché, des nuages se formaient sur le massif du Ngourou, qui disparaissaient vers le Pongwé; ils revenaient vers nous, ils envahissaient la plaine immense, ils accouraient, ils se précipitaient dans les gorges de nos montagnes, ils en voilaient le sommet, et, à mesure qu'ils avançaient dans cette marche régulière, semblables à une armée, les coups de tonnerre éclataient plus forts, plus rapprochés, plus fréquents; à la fin, c'était un tapage infernal, au milieu duquel les éclairs nous enveloppaient tout à coup comme dans un immense foyer d'étincelles. C'était à faire trembler les plus intrépides. Ce spectacle est le plus imposant que j'aie jamais vu.

. . . .

La mission de Mrogoro était fondée.

Établie sur une hauteur saine et fertile, près d'un cours d'eau, libre de se développer sur une immense étendue, placée entre les deux tribus des Wakami au sud et des Wazigoua au nord, en relations excellentes avec les indigènes, qui venaient de loin déjà nouer des relations d'affaires ou d'amitié, et dont plusieurs même demandaient à s'établir près d'elle, assez éloignée des villages pour vivre librement, assez près d'eux pour les évangéliser aisément en temps opportun, cette station paraissait être dans toutes les conditions humaines pour prospérer un jour; elle fut placée sous le vocable et la protection de l'Immaculée Conception, gage de reconnaissance, en même temps que présage de succès !

Sub tuum præsidium, Immaculata !...

XX

Cependant nous n'étions encore qu'à la moitié de notre campagne. Mrogoro était fondé, et nul autre mieux que le P. Gommenginger, avec les aides qu'il garda, ne pouvait conduire à bonne fin l'entreprise ainsi commencée.

Pour nous, il nous fallait pousser plus avant et voir dans l'*Ousagara* quel point conviendrait le mieux à l'établissement d'un autre poste apostolique. Appelés à Kondoa par M. Bloyet, chef de la station scientifique française, et à Sagara par le vieux chef du pays, nous étions heureux de répondre à cette double invitation, et le 7 janvier, après avoir célébré en famille la fête de l'Épiphanie, le R. P. Baur et moi nous partîmes.

Nous avions avec nous huit de nos anciens porteurs et trois de nos chrétiens, trois vieux pères de famille de Bagamoyo. Cette fois les chiens avaient été laissés à Mrogoro, mais nous avions deux ânes : l'un de Mascate, jeune encore, et que le R. P. Baur avait acheté d'un chef de caravane; l'autre de l'Ounyamwézi, vieux, mais intrépide, que M. Bloyet avait eu la bonté de nous envoyer. Cette étape fut pénible.

En sortant de la cité royale de Kingo, pour se diriger vers l'ouest, on a d'abord à traverser le Mrogoro, petite rivière dont j'ai parlé. On atteint ensuite un plateau où l'œil se repose agréablement sur une grande quantité de fleurs de toute beauté. Il y a là surtout des espèces d'amaryllis pourvues d'un oignon énorme qui conserve de l'humidité au milieu des plus grandes sécheresses, et présente une tête magnifique sur laquelle on ne compte pas moins de deux cents fleurs du plus beau rouge. On remarque aussi beaucoup de safran sauvage, et un grand nombre de petites fleurs dont le calice renferme une goutte d'eau excellente pour guérir les ophtalmies externes.

Nous retrouvons ici le Guéringuéré. Chose singulière! il y a déjà quelques jours qu'il n'est pas tombé d'eau, et cependant cette rivière, ici, près de sa source, est sensiblement plus forte qu'à l'endroit où nous l'avions traversée la première fois, à trois jours de marche de là. C'est que le Guéringuéré s'en va faire un long trajet à travers la plaine de l'Ouzigoua, où son cours doit être lent, l'évaporation active et la déperdition énorme. Sur ses bords, nous sommes attaqués par la tsétsé, qui cependant ne se trouve pas à Mrogoro. Je serais porté à croire que la terrible mouche vit sur tout le cours de cette rivière.

Au delà, le sol change de nature et le pays d'aspect. A mesure qu'on avance, la silice domine, et, dans le lit desséché des torrents, le micaschiste abonde, mêlé de quartz et de quelques traces de fer.

Au sud, le mont Midnou; au nord, le Mgourwa *Ndégué* (le pied de l'oiseau). Nous passons entre les deux, sur le col qui les sépare, et qui forme ici la ligne de partage des eaux entre les bassins du Kingani et du Wamé.

L'étape est longue, le soleil écrasant, la fatigue exces-

sive. Nous sommes à pied, car les ânes sont intraitables :
pour leur faire passer les torrents profonds, mais à sec,
il faut les flatter, il faut les battre, les tirer par les oreilles,
les tirer par la queue, il faudrait les porter !

Une caravane de Vaniyamwézi nous précède; une autre
nous suit. Les traînards sont nombreux, et nous en ren-
controns plusieurs couchés dans les herbes. A notre tour
nous nous laissons tomber à l'ombre d'un grand arbre.
La fièvre me prend. Nos porteurs nous entourent; tout en
se plaignant de la route et du soleil, ils trouvent encore
le courage de chanter un petit air et de faire un peu de
cuisine. L'un d'eux étend par terre un chiffon avec lequel
le savon n'eut jamais aucune relation particulière, et qui
contient quatre ou cinq poignées de maïs bouilli. Chacun
s'approche et tape résolument dans le tas. Quelques Wanyamwézi arrivent, s'accroupissent au milieu de nos
hommes, et, comme de vieilles connaissances, prennent
leur part du modeste régal. Cela se fait sans façon, sans
cérémonies ; vraiment ces gens-là sont hospitaliers !
N'ayant presque rien, on les trouve toujours prêts à partager avec le premier venu le peu qu'ils ont...

Courage ! encore une heure à travers le Pori...

Voici maintenant des campagnes cultivées, voici des
roseaux, voici des bambous, ces fameux bambous qui
donnent au village son nom de Vianzi.

Vianzi est bâti sur un cours d'eau presque desséché en
cette saison, et qui aboutit au Wamé. On compte aux
environs trois ou quatre villages, tous soumis à Kingo,
qui y entretient un poste militaire pour arrêter les caravanes et leur réclamer le *hongo* ou tribut qu'elles n'auraient pas payé à leur passage à Mrogoro.

Nous trouvons asile dans une case qui rappelle assez
bien l'antre de Cacus. Construite en bambous, dont on

rencontre deux espèces dans la contrée, et divisée en plusieurs compartiments, cette résidence au reste n'est pas
désagréable. Derrière la cloison qui nous sépare, un
Mnyamwézi marchande à la maîtresse du logis des graines
de concombres. Les graines de concombres sont oléagi-
neuses, et, quand elles sont grillées, elles donnent un
plat recherché. La ménagère refuse obstinément de céder
à aucun prix. Les pourparlers durent plus de deux heures,
tantôt doux comme du miel, tantôt rudes comme la
pierre, et c'est pour moi, qui ai la fièvre tout près de là,
une distraction intéressante que ces efforts de diplomatie
qui n'aboutissent à rien. A la fin le Mnyamwézi cède :
« *Bakouli imékaouka.* La tasse est vide, » dit-il, et il s'en
va. Métaphore qui signifie : J'ai tout craché, j'ai tout dit,
ma bouche n'a plus de paroles, et ma langue est sèche...

Devant la case, c'est un autre spectacle : nos porteurs
fraternisent avec les gens du village, et, mêlés à je ne sais
quels joyeux compères venus je ne sais d'où, ils jouent
la comédie. D'abord on imite toutes les bêtes de la création : c'est un tapage effroyable et risible. Quelqu'un pro-
pose ensuite la chasse à l'hippopotame, et aussitôt la
chasse est organisée : l'un fait le pachyderme et réussit
bien, nageant le ventre à terre et reniflant bruyamment,
pendant que d'autres tirent dessus avec des fusils de bambous et cherchent à l'effrayer par des clameurs invrai-
semblables. Au reste le répertoire est varié : après les
bêtes ridicules, on contrefait les Arabes, on contrefait les
blancs, et on se livre ensuite à l'exercice de la pêche au
requin. Enfin la séance se termine par une danse générale. Mais, pour danser, il faut un tambour, et personne
n'a de tambour : « Frappez là, dit un loustic ; c'est le vrai
tam-tam ! »

Et pendant que celui-ci présente bénévolement cette

partie de l'homme où la colonne vertébrale perd son nom, un autre frappe dessus à coups redoublés, le public éclate de rire, et la danse s'organise...

Cependant, vers dix heures du soir, pendant que j'essayais sur mon lit de camp de chasser la fièvre par une transpiration abondante, le Père supérieur rassembla nos hommes :

« Paroles! paroles !... dit-il. Demain l'étape est longue, l'étape est difficile. Pas une goutte d'eau sur la terre, pas un arbre sur la route. Si nous ne partons pas de bonne heure, le soleil nous dévorera. C'est pourquoi, écoutez : demain, nous partons à deux heures du matin. Demain c'est la Mkata... »

Et tout le monde répéta en chantant : « *Pori la Mkata! Pori la Mkata!* » Ce fut la fin de la *soirée*.

XXI

Le Pori, ou le désert de la Mkata, est assez mal famé.
Dans son livre intitulé : *Comment j'ai retrouvé Livingstone*, Stanley en parle comme d'un marais sans fin,
affreux, où il faillit rester, lui et ses hommes. Nous, nous
n'y trouvâmes pas une flaque d'eau. Le tout dépend de la
saison, et un peu de l'imagination des voyageurs.

Le Pori de la Mkata est une plaine au sol glaiseux où
la végétation languit et où le soleil triomphe. Les herbes
sont petites et déliées, les arbres rares; mais, à travers ce
maigre développement des plantes, la vue se promène,
s'étend, se perd sur un espace immense, bornée seulement d'un côté par les montagnes de l'Oukami et de
l'autre par le Ngourou, dont le massif se dessine légèrement à l'horizon.

En ce moment, il est trois heures du matin. Au ciel,
pas un nuage. La croix du Sud qui guide notre marche et
les étoiles sans nombre qui peuplent ce beau ciel des tro-
piques répandent à nos pieds une clarté mystérieuse et

douce qui fait rêver. Contrairement à leurs habitudes, les porteurs se suivent de près et font silence. Souvent le cri de l'hyène perce la nuit, et de temps à autre le rugissement lointain d'un lion content de sa chasse parvient jusqu'à nous. Pour la première fois j'ai monté l'âne, et cette marche dans le désert si plein de silence et de mystère me fait oublier la fatigue de la veille.

Peu à peu cependant l'atmosphère s'éclaircit, la lumière se hasarde à travers les ténèbres, les étoiles paraissent s'enfoncer dans la voûte du ciel, et le soleil jette quelques reflets d'un rouge éclatant sur un nuage délié qui s'étend parallèlement à l'horizon.

Alors, sur cette plaine où rien n'arrête le regard, les animaux paraissent : jamais je n'en avais tant vu.

Ce sont des gazelles, dont quelques-unes, réveillées tout à coup dans leurs lits d'herbes sèches, s'élancent devant nous en faisant mille bonds gracieux ; ce sont des antilopes de toute espèce : des *caama* (*antilopes caama*), des *gnou* (*catoblepasgnu*), des *pallah* (*antilopes melampus*), des *koudou* (*antilopes strepsicère*), des élans ou *pafou;* ce sont des bandes de chiens sauvages qui s'approchent en hurlant pour s'éloigner ensuite, des troupeaux de buffles, des ânes sauvages, des zèbres, des girafes surtout, réunies par groupes de vingt à trente, les unes nous regardant d'un air tranquille, les autres baissant leur long cou pour brouter les feuilles des petits arbustes et paraissant s'inquiéter assez peu de nos personnes. Tous ces animaux ont un chef de troupeau, au signal duquel la bande entière obéit.

Derrière, au loin, très loin, un splendide effet de mirage : du sable blanc, un grand lac, des arbres se mirant dans les eaux et paraissant se dresser du bout de l'horizon pour nous voir passer.

Cette étape ne fut point pénible : nous avions trop de choses à voir.

Souvent nos chrétiens essayèrent d'abattre un des nombreux habitants de ce désert ; mais, dans cette plaine découverte, la chasse est difficile : le gibier voit de loin son ennemi, et c'est peut-être la raison pour laquelle, ici, il est si abondant.

Arrivés à la *Mkata,* mot qui signifie *passage* et que les trafiquants ont donné à l'endroit où il faut traverser le Mkondogwa (le Mkondogwa n'est pas autre que le cours supérieur du Wamé), nous nous trouvâmes en face d'un pont submergé par les eaux. L'ouvrage était absolument sans prétention, et l'ingénieur africain qui avait présidé à sa construction n'avait pas dû faire un grand effort de génie. Deux troncs d'arbres jetés en travers sur le lit du fleuve, et, de chaque côté, une liane servant de garde-fou : c'était tout. D'ailleurs, les lianes seules paraissaient, et il fallait, dans l'eau jusqu'au-dessus des genoux, chercher le pont du pied et faire semblant de ne rien craindre. Tant bien que mal, le passage se fit ; quelques-uns même de nos hommes se jetèrent à l'eau, et, nageant à la manière des chiens pour effrayer les crocodiles, furent contents de trouver l'occasion de s'attirer des félicitations de notre part.

Les ânes passèrent sans difficulté. On leur mit au cou une longue corde, et simplement on les poussa dans le fleuve. Les malheureux quadrupèdes y disparurent complètement ; bientôt après, halés à l'autre bord, ils montrèrent la tête, mais d'un air si profondément stupéfait et si complètement bête, que tout le monde accueillit leur apparition sur le plancher des vaches par un de ces rires homériques qui faisaient autrefois trembler tout l'Olympe...

Ce jour-là sept caravanes passèrent le fleuve, qui (j'oubliais de le dire) forme ici la limite entre l'Ousigoua et l'Ousagara.

Elles venaient toutes de la côte, chargées de cotonnades et de marchandises diverses. Du matin au soir, le pont fut encombré. Impossible d'avoir la fièvre avec un spectacle semblable! Le Père supérieur et moi, assis à l'ombre sur l'autre bord (car le cours de la Mkata est couvert d'arbres magnifiques), nous ne pouvions nous rassasier de regarder tous ces grands Wanyamwézi arrivant stupéfaits en face d'un pont submergé, qu'il fallait passer avec une charge de soixante-dix livres sur le dos. Ils s'arrêtaient involontairement, interdits, et cela ressemblait aux ombres attendant sur les rives du Styx la barque de Caron. L'un d'eux, entre autres, eut le privilège d'exciter une hilarité générale. Grand, fort et suffisamment simple, il s'avança d'abord avec une sorte d'intrépidité inconsciente qui fit bon effet. Puis, tout à coup se ravisant, il s'accroupit au milieu du pont, sa charge sur le dos, regardant dans le vide, silencieux, la bouche ouverte comme un poisson mort. On lui criait d'avancer, de reculer, de se décider à quelque chose. Inutile! il n'entendait rien, il ne voyait rien. A la fin il prit un parti, et, craignant l'eau, il se laissa tomber dedans... Tout de suite après on le vit reparaître sur des branches d'arbres que le fleuve emportait, serrant sa charge dans ses bras comme une mère, en pareille circonstance, serrerait son enfant; on le repêcha plus mort que vif. Mais enfin il avait passé!

Peu après, un autre laissa tomber son fusil, et comme le courant était assez rapide, comme d'ailleurs les crocodiles pouvaient être par là, personne n'osait aller le chercher, lorsqu'une femme se présenta. En un clin d'œil l'amazone africaine fut au fond du fleuve, et quelques secondes après elle rapportait le fusil d'un air calme et

Dans la Plata. (P. 247.)

capable qui lui valut les applaudissements de toute l'assistance.

Nous reçûmes de Kikongo, chef de l'endroit, une case
convenable pour y passer la nuit. Nous en trouvâmes les
murs tapissés de grandes peaux de buffles et de lions, qui
disaient assez que le pays comptait plus d'un de ces habitants. Du reste, à en juger par les traces nombreuses qui
se voient partout, le roi des animaux doit se croire ici
tout à fait chez lui. Dans le fleuve, il y a aussi quelques
hippopotames, et, sur les arbres superbes qui ombragent
son cours, des bandes de singes s'amusent à se balancer,
à se poursuivre, à se mordre et à se voler.

Le soir, une autre caravane arriva de l'intérieur, nombreuse, chargée d'ivoire et accompagnée d'une quantité
considérable de perroquets, qui, les ailes coupées, erraient
en liberté à travers le camp.

Les porteurs avaient jeté négligemment leurs dents
d'éléphants près du village, et, à la tombée de la nuit,
quand les feux furent allumés de tous côtés, quand chacun se mit à faire la cuisine et que, les foyers improvisés,
la fumée monta blanche et libre, nous eûmes sous le ciel
calme, élégamment découpé par quelques palmiers, un
spectacle tout africain, intéressant, magnifique...

Nous avions de bonne heure fraternisé avec tout ce
monde, et pour comble de faveur un barde mnyamwézi,

Que son astre en naissant avait formé poète,

se sentit tout à coup inspiré à la vue des blancs, et, se
promenant de long en large devant la porte de la case ou
nous étions assis, il chanta :

Éla! Mirambo! Mirambo[1]!

Les fils de l'Ounyamwézi se sont levés. Ils ont mis sur leurs épaules une dent d'éléphant. Ils ont pris leurs pipes et leurs calebasses, leurs arcs et leurs flèches, et ils ont dit : Marchons! Mirambo!...

Éla! Mirambo! Mirambo!

A la côte! à la côte! — C'est l'Arabe qui donne l'étoffe et les perles. Nous aurons des poules en route, et du mtama, et du maïs, et des concombres; nous aurons quelque chose à nous mettre dans le ventre! Mirambo!

Éla! Mirambo! Mirambo!

Le kirangozi a pris son casque de plumes. Les Wanyambara ont pris leurs manteaux rouges. Les Waganga ont de puissants dawa; les Waganga nous ont bien conduits. Oh! le Pori de la Mkata! le Pori de la Mkata! Mirambo!...

Éla! Mirambo! Mirambo!

Arrivés au Pori de la Mkata, j'ai vu les blancs. J'ai vu le grand maître, j'ai vu le petit maître. Le grand maître est vieux, mais il est fort. Sa barbe est longue. C'est le père du petit maître... Voilà qu'il vient, parce que tu chantes bien! Leurs cheveux sont comme le crin qui pend à la queue du buffle! Mirambo!...

Éla! Mirambo! Mirambo!

Les blancs viennent de la côte. J'ai vu autrefois leur maison, une maison en pierres! Ils ont des remèdes pour les malades : ils parlent à tout le monde; ils disent des choses que nous ne savons pas. Leur pays est loin d'ici, loin, loin. Pour y passer, il faut aller sur un navire qui fume. Mirambo!

Éla! Mirambo! Mirambo!

On met au navire du charbon dans le corps; il s'en nourrit et il marche! Poupoupou, poupoupou, poupoupou... Ce charbon lui donne du cœur, poupoupou... Ils ont de l'esprit, les blancs, ils sont riches; ils ont deux ou trois habits l'un sur l'autre, une coiffure tout à fait drôle, et les jambes cachées dans des peaux de bête. Mirambo!

Éla! Mirambo! Mirambo!

Et maintenant, voici ce que je dis, et après j'aurai fini. Je dis : les blancs ont la main large, les blancs ont le cœur bon. Pour moi, ma langue est sèche, et mon ventre vide. Ah! qui me remplira le ventre et me rafraîchira la langue? Mirambo!

Éla! Mirambo! Mirambo!...

Le lendemain, par un temps légèrement couvert, à travers un désert peuplé de palmyras (*borassus flabellifor-*

---

[1] *Mirambo* est le roi actuel de l'Ounyamwézi, très guerrier et très coquin, partant très populaire.

Le pont submergé. P. 247.)

mis) et habité par des bandes de pintades, nous arrivâmes à Kobéringa.

En entrant dans le village, nous fûmes agréablement surpris de voir une tente dressée au milieu des cases. C'était celle de M. Bloyet, qui était venu à notre rencontre. En ce moment il était à la chasse; mais il ne tarda pas à rentrer, et ce fut, de part et d'autre, un véritable bonheur que de se revoir. On parla, on s'amusa, on se promena, on fit la cuisine : une excellente journée !

Le Kobéringa est un bras du Mkondogwa ou Wamé, qui donne son nom à tous les villages bâtis sur son cours. A cette époque l'eau ne coulait plus; seuls les bas-fonds de son lit étaient remplis, et les indigènes allaient y prendre le poisson, soit avec la main, soit en lui jetant des narcotiques qui l'étourdissaient.

On se sert ordinairement pour cette pêche de téphrosies et d'euphorbiacées. Cette manière de pêcher est connue de toute l'Afrique : Livingstone et Schweinfurth la signalent pareillement. A la côte elle est aussi très commune.

Mais veut-on savoir pourquoi le Kobéringa ne coulait plus? Il est bon de l'indiquer pour se faire une idée de la liberté qu'on se donne ici, où l'on est si loin des grandes pêches. Donc, les indigènes d'un village supérieur, ayant eu l'idée de se régaler de poissons, avaient simplement fait d'énormes barrages dans la rivière, sans se préoccuper du manque d'eau dont leurs voisins pourraient avoir à souffrir. Cela durait depuis deux mois et devait se perpétuer jusqu'à ce que le poisson fît tout à fait défaut...

Le désert a cessé. Les cultures sont assez belles, et le lit du Kobéringa est ombragé d'arbres magnifiques, d'où pendent des lianes sans nombre. Là les singes se sentent vraiment chez eux. On en trouve des armées entières : petits, lestes, grimaciers, criards, quand ils s'abattent sur un champ de maïs, c'est un vrai désastre.

De Kobéringa à Kondoa, nous n'avons pas plus de six heures de marche.

L'étape est d'ailleurs très intéressante. A travers une campagne verte et fertile, couverte de grandes herbes et de grands arbres, parmi lesquels nous distinguons des ébéniers énormes, nous suivons avec M. Bloyet la route ordinaire des caravanes. Le gibier se montre, nombreux et varié : ce sont des antilopes surtout, des girafes, de grands singes, qui se sauvent devant nous comme des écoliers pris en flagrant délit de maraudage dans le jardin du collège. La plupart sont des cynocéphales, mais nous apercevons aussi quelques *béga* (colobes à camail).

A l'ouest, une chaîne de hautes collines ferme l'horizon.

Beaucoup de villages ! Voici d'abord celui de Kingo-Mkoubwa, le frère aîné du chef de Mrogoro ; c'est un jeune homme de trente ans, petit, affable, et vraiment distingué dans ses manières. Kingo nous reçut très bien. Il a un beau village fortifié d'une palissade, et à l'intérieur duquel un grand nombre d'enfants s'amusent gaiement. Beaucoup de bœufs et de vaches, des chèvres, des moutons.

Plus loin, c'est *Mkotchéni* (au palmier), ainsi nommé parce qu'un palmier s'élève au milieu. Plus loin encore, d'autres villages apparaissent. Ce pays est très peuplé.

Ici nous sommes à la limite des États de Simba-Mwéné. Le village de Farhani dépend d'elle encore, ainsi que celui de Boudéwa. Mais plus loin, au delà de la Longa, nous arrivons dans la partie de l'Ousagara restée indépendante, sous la suzeraineté de ses anciens chefs.

La Longa est une charmante rivière qui va se jeter dans le Mkondogwa.

Voici maintenant le pori encore, au delà d'un baobab énorme dans l'intérieur duquel une famille entière pourrait élire domicile; voici enfin la station française, voici Kondoa!

XXII

L'EUROPE EN AFRIQUE — LA STATION FRANÇAISE A KONDOA —
LA POPULATION — LE SOL, LES ARBRES ET LES ANIMAUX

L'Europe, depuis quelques années, s'est enfin tournée vers l'Afrique. Est-ce un sentiment de pitié qui détermine ce mouvement, un instinct de commisération pour une race si longtemps délaissée? Est-ce l'amour de la science poussant vers l'inconnu? Est-ce l'ambition d'étendre ses frontières au loin dans un pays qui ne saura pas résister? Est-ce enfin l'intérêt matériel et commercial qui cherche de nouveaux débouchés pour écouler les produits industriels, et qui veut à tout prix créer des besoins aux races primitives qui n'en ont pas? Il ne serait peut-être pas difficile, en interrogeant les faits, de trouver que les mobiles de ce zèle extraordinaire sont moins désintéressés que les prospectus ne le disent; mais cet examen de conscience dans l'âme des gouvernements européens étant inutile, il suffit de constater qu'un mouvement sérieux porte l'Europe vers l'Afrique, et de ce mouvement il faut se réjouir...

Lors donc qu'à la suite des voyages de Livingstone, de Caméron, de Stanley, etc., on eut appris que cet immense

continent n'est pas tout entier un désert de sable, qu'une
végétation splendide orne ce pays longtemps inconnu, que
des populations nombreuses et hospitalières l'habitent, il
se forma diverses sociétés pour l'exploration et l'exploita-
tion plus complète du « continent mystérieux ». L'une de
ces sociétés fut l'*Association internationale africaine,* établie à Bruxelles sous le patronage et la présidence de
S. M. le roi des Belges. L'Association se proposait de faire
appel à toutes les nations européennes, pour fonder à
l'intérieur de l'Afrique des stations scientifiques et hospitalières destinées à étudier le pays, à recevoir les
voyageurs, à ouvrir des voies commerciales.

L'une de ces stations (section française) fut établie à
Kondoa, et c'est M. Bloyet qui a été mis à la tête de ce
poste avancé de la civilisation.

Dès son arrivée en Afrique, en 1879, M. Bloyet s'est
trouvé en rapport avec la mission, et les mutuels services
que nous nous sommes rendus depuis lors n'ont fait que
développer la rapide affection des premiers jours.

Placé tout d'un coup en face de difficultés sérieuses, il
a fallu à l'explorateur français, pour réussir comme il a
réussi, toute l'énergie, toute la force de résistance et tout
le savoir-faire dont les marins et les Bretons sont ordinairement doués. Il est facile, en effet, de prendre un
homme capable d'observations scientifiques et de l'envoyer n'importe où avec ce mandat : « Trouvez-nous des
pays nouveaux, des insectes, des poissons, des reptiles,
des oiseaux, des quadrupèdes, des quadrumanes et des
bimanes; trouvez-nous des montagnes et des fleuves, des
forêts et des mines d'or. » Cette mission est facile à donner; mais il est moins facile de l'exécuter. D'abord il faut
vivre, et en Afrique ce n'est pas une petite affaire. Ensuite
il faut pouvoir se mettre en relations avec les indigènes ;

La station française de Kondoa. (P. 260.)

il faut arriver à connaître le pays, et, dans ce pays connu, on ne peut trouver que ce qu'il y a.

M. Bloyet a triomphé de tout, des contretemps, des hostilités et des fièvres; et, après trois années de travail, il est aujourd'hui bien établi dans l'Ousagara à soixante lieues de la côte environ. Sa femme l'a suivi.

Il serait à désirer que tous les Européens qui pénètrent en Afrique se fussent attiré la sympathie des indigènes comme ces deux Français. Depuis qu'ils sont là, plus de vingt petits villages se sont formés autour d'eux. C'est la confiance qui attire ces pauvres noirs.

« Nous n'avons rien à craindre, disent-ils, de ces blancs de la tribu des Français. Ils ont des fusils, et ils nous défendront. »

Le même mouvement se fait autour des missions.

M. et Mme Bloyet habitent une maison très convenable en briques sèches, comprenant quatre grandes pièces. Une case à côté sert de cuisine, et plus loin s'élèvent des appartements pour les domestiques, des étables et des magasins. C'est tout un petit village entouré d'une palissade légère, propre, gai, noyé dans la lumière et le grand air.

Près de là, à l'ouest, coule Mkondogwa, dont le mot *Kondoa* n'est qu'une contraction. Il se partage en trois bras principaux; l'un d'eux passe à l'ombre des roseaux qui bordent ses rives, à cinq minutes de la station.

Au nord paraît le *Nyangara*. C'est ici le sommet le plus élevé d'une chaîne de montagnes qui ferme la vallée du Mkondogwa. La station est à 420 mètres d'altitude environ.

Par ailleurs le pays est plat, fertile et bien cultivé, peuplé d'un très grand nombre de villages. Sur cette route,

ce point est assurément, depuis la côte, celui qui nourrit
le plus d'habitants.

. Tous ne sont pas indigènes, tous ne sont pas *Wasagara.*

On y trouve un certain nombre de *Wangwana* [1], venus
de la côte et retenus ici par la fertilité des terres. A leur
tête est un gentleman arabe, *Bawna Séfou,* qui fait le
commerce de l'ivoire et des plumes d'autruche. *Mwényé
Mbogo* est un autre *mswahili* [2], qui, près de là, voulait
aussi faire fortune ; mais il exerce si largement l'hospitalité à l'égard de tous ses vieux amis, de ses voisins, de
ses oncles, de ses tantes, de ses arrière-neveux, de ses
grands-cousins et de ses petits-cousins, que son village
est toujours plein de visiteurs qui le grugent. Depuis
longtemps il ne vit plus que d'emprunts et de sentiments.
M. Bloyet lui prodigue les bons conseils : Mwényé Mbogo
le remercie et continue. Son cœur le perdra !

A côté de ces Wangwana figurent plusieurs villages de
Makoa, venus jusque des bords du Zambèze chercher ici
la tranquillité et la liberté. Leur pays était perpétuellement ravagé par les chasseurs d'esclaves. Ils l'ont quitté.

Depuis quelque temps, d'autres noirs émigrent aussi
dans cette vallée; ils viennent des bord du *Victoria
Nyanza.*

Tous ces peuples sont bons, hospitaliers, bien disposés
à l'égard des étrangers et surtout des Français; mais,
comme partout, les pratiques superstitieuses les tuent. Il
leur faudrait des missionnaires : ils en auront.

La vallée de Mkondogwa est formée d'un terrain d'al-
luvion reposant sur un conglomérat ferrugineux, et fer-

---

[1] Wangwana, hommes libres de la côte.
[2] Mswahili, homme de la côte du Shwahil.

Le baobab. (P. 207.)

mée des deux côtés par des chaînes de montagnes pittoresques et boisées. Sur ces hauteurs l'eau est rare : tout
s'en va dans le fleuve ou s'infiltre dans le sous-sol; dans
ces pori desséchés, des puits artésiens donneraient sans
doute de bons résultats.

Si habité et si cultivé que soit le pays, cependant il
reste encore des espaces libres, occupés par des forêts
magnifiques. Nous y faisions souvent d'interminables promenades le long de petits sentiers pratiqués par les indigènes ou par les bêtes sauvages et à l'ombre de superbes
dômes de verdure, admirant des arbres gigantesques,
nous perdant dans les fouillis de lianes de toute espèce
et de toute couleur, de toute forme et de toute dimension,
marchant toujours et ne nous lassant jamais. Plusieurs
de ces lianes donnent du caoutchouc, quelques-unes en
quantité considérable.

Dans le pori, que le feu balaye tous les ans, les grandes
herbes croissent en pleine liberté à l'ombre des arbres
plus espacés et moins grands. Là, comme sur tout notre
parcours à peu près, nous trouvions des mimosas, des
acacias, des ficus, des tamariniers, des ébéniers, beaucoup d'arbres que je ne connais point.

Un baobab, à une demi-heure de la station, a atteint
des proportions immenses. Son tronc est ouvert, et une
famille pourrait y loger à l'aise. Cet arbre singulier est,
dans le règne végétal, ce que sont dans le règne animal
l'éléphant et l'hippopotame : il en a la grosseur étonnante,
les formes lourdes, l'aspect écrasant. Son accroissement
est lent : ce qui a fait dire au naturaliste français Adanson
que « le baobab, contemporain du déluge, serait le plus
ancien des monuments vivants que puisse fournir l'histoire du globe terrestre ». Au reste, d'une vitalité
extraordinaire, le baobab aurait pu affronter sans en

souffrir la catastrophe qui engloutit tant d'êtres vivants.

Les fibres de son écorce donnent une corde très solide que les indigènes emploient surtout pour leurs filets de chasse; son fruit, connu sous le nom de *pain de singe,* renferme un grand nombre de graines entourées d'une chair spongieuse. Les noirs du Zanguebar ne mangent pas ce fruit; mais ils en emploient la coque, qu'ils emmanchent à un long bâton pour puiser l'eau au fond de leurs citernes.

Dans les cours d'eau, on trouve beaucoup de poissons, des mulets, par exemple (*mugil africanus*), et des *kambari* (*glanis siluris*).

Ces silures sont des poissons à grosse tête, sans écailles et barbus; ils vivent dans la vase, et les noirs croient qu'ils s'en nourrissent. Un jour, comme je donnais à un de nos porteurs des hameçons en l'invitant à une partie de pêche à la ligne :

« Où est l'appât? me dit-il.

— Nous prendrons des sauterelles.

— Impossible, fit-il en riant de mon ignorance, ces bêtes-là ne mangent que de la boue... »

Erreur! ces bêtes-là mangent de l'herbe.

Dans les endroits où l'eau ne séjourne qu'à la saison des pluies, on trouve même des espèces de poissons à pattes qui vivent ainsi hors de l'eau pendant longtemps, blottis dans de la vase plus ou moins desséchée et conservant de l'eau dans leurs têtes.

Les insectes ne semblent pas très variés. Mais on trouve des tortues, des serpents, des oiseaux intéressants, des singes, des antilopes, des gazelles, des buffles. Les Makoa de ce pays sont les chasseurs les plus renommés. Ils s'attaquent à tout : à l'éléphant, au lion, au léopard; mais, s'ils tuent quelque chose, ils ne gardent presque rien

pour eux : la meilleure partie revient au chef du village,
qui distribue le gibier suivant sa fantaisie. Ces chasseurs
venaient souvent à la maison; l'un d'eux y apporta un
soir une tête de buffle énorme. En face d'un pareil adversaire, l'homme avait dû déployer une intrépidité étonnante.

XXIII

Arrivés à Kondoa le 12 janvier, nous ne devions en repartir que le 31.

Ce fut la fièvre qui nous arrêta.

Un après-midi, je m'en allai, comme d'habitude, visiter les alentours. Il y avait là une plaine défrichée, nue, prête à recevoir la semence, sèche comme de l'amadou et surchauffée par un soleil de feu qui régnait en maître dans un ciel clair et profond. Pas un nuage, pas une ombre. Au milieu de la plaine cependant, un grand ficus se dressait encore, couvert de fruits mûrs et hanté par des bandes de tourterelles et de pigeons verts. Je m'arrêtai quelque temps pour regarder : ce fut alors que la réverbération des rayons solaires me frappa.

Je rentrai. Le soir, un violent mal de tête me prit; la fièvre se mit de la partie, une fièvre opiniâtre, acharnée, intraitable. Le Père supérieur et M. Bloyet firent appel à toutes leurs connaissances médicales; mais les médicaments n'agissaient pas.

On fut inquiet, presque effrayé...

Pour moi, je me levais encore pour faire bonne figure; mais je voyais les idées sortir de ma tête et se répandre au dehors comme une vapeur d'encens. Immobile et n'entendant pas bien ce qu'on me disait, je répondais tout haut aux questions que je me faisais tout bas. Ces drôleries faisaient rire, et ces rires me rappelaient à moi-même.

Chose singulière! on oublie alors les jours de la semaine, le monde, ceux qui vous entourent; on oublie son nom! D'autres fois, quand le mal était plus fort, je me sentais dédoublé : c'est l'un des effets de ces fièvres d'Afrique. On voit près de soi quelqu'un qui vous suit, qui s'attache à vous, qui vous agace. Cameron dit que, dans ces moments-là, il se voyait deux têtes, et Dillon, l'un de ses compagnons, voulant un jour se débarrasser de ce fantôme, prit son revolver et tira : le malheureux tira sur lui!

Pour moi j'avais souvent un *alter ego* qui se tenait là tout près, et je murmurais machinalement comme le poète :

> Sur ma couche est venu s'asseoir
> Un malheureux vêtu de noir,
> Qui me ressemble comme un frère.

D'autres fois encore c'étaient des figures si étranges, si laides, si mobiles et si vivantes, des caricatures si admirablement réussies, que cela faisait rire, quand cela ne faisait pas trembler.

Cependant ce n'était pas tout à fait le délire. J'avais conscience de ce qui se passait, et il y aurait eu là un sujet d'études psychologiques vraiment intéressant, si les douleurs de tête avaient été moindres et si l'heureuse issue de la maladie eût été prévue d'une manière certaine.

Le chasseur de buffles. (P. 239.)

Enfin, les médecins travaillant, les remèdes opérant, la nature se réveillant, et la Providence guérissant, le malade se trouva dispos. Il était de plus averti qu'il n'est pas bon, dans une grande plaine couverte de soleil, d'aller regarder manger les pigeons verts!...

C'est aussi une grave imprudence, dans un écrit qu'un médecin pourrait lire, de s'aventurer à travers les théories de la fièvre quand aucune académie ne vous a jugé digne d'entrer dans le *docte corps*.

Si profane que l'on soit néanmoins, on peut être admis sans doute à dire ce que l'on a éprouvé, à le dire tout bonnement, tout simplement et en oubliant, autant que possible, les termes nés du grec.

Ici donc il n'est pas question évidemment des fièvres symptomatiques, qui ne sont que la conséquence d'une autre maladie bien définie : il s'agit des fièvres paludéennes, qui seules constituent la maladie elle-même.

Que, par exemple, un Européen arrive en Afrique, brillant de santé et plein d'espérances; il séjourne quelque temps sur les côtes, il court à travers les marais, il dort près du sol, et pendant plusieurs jours il se porte bien. Content de son expédition et de sa valeur, il rentre dans un pays très sain, et le voilà pris! Ce sont des malaises, des bâillements, des courbatures; bientôt un frisson le saisit, lui fait tirer les membres, le fait claquer des dents; des maux de tête s'emparent de lui, une vive chaleur l'envahit, le délire le prend. C'est la fièvre. Puis peu à peu la transpiration s'établit, les douleurs encéphaliques se calment, et l'accès est fini. Mais, si le mal n'est pas enrayé, il revient pour céder encore, et pour reparaître ensuite toujours plus fort, souvent mortel.

Que si, dès le principe, on provoque une transpiration abondante; si après on donne des purgatifs, des vomitifs;

si, quatre heures avant le moment où le premier accès
s'est déclaré, on fait prendre une dose de sulfate de quinine, c'est bien; la fièvre, si elle n'a pas une gravité particulière, ne reviendra point. Mais plus tard, le huitième
jour, peut-être le quinzième, elle reparaîtra, plus ou moins
bénigne, pour revenir encore huit jours après, et toujours
ainsi, jusqu'à ce que l'organisme soit entièrement débarrassé de cet empoisonnement miasmatique; car c'en
est un.

Or cette marche de la fièvre ne semble-t-elle pas montrer qu'il y a dans les organes ensemencement, repro-
duction, multiplication d'un ferment quelconque, végétal
ou animal?

Ce ferment, il est d'ailleurs facile de le recueillir en
soi. Le procédé le plus favorable est de se fixer près des
marais, de voyager à travers, d'habiter à l'embouchure
des fleuves où l'eau douce se mêle à l'eau salée et où les
plantes ne peuvent vivre, de s'établir sur un terrain dont
la couche supérieure, sablonneuse et facilement per-
méable, laisse s'échapper les miasmes que dégagent les
eaux du sous-sol, de dormir par terre dans une case dont
le pavé n'est pas battu, dans le lit d'un torrent desséché.

Tous ces procédés sont les meilleurs pour récolter les
miasmes; on les respire, on les emmagasine, on les cultive. Ainsi recueillis, on peut les porter pendant quelque
temps sans en souffrir. Certaines organisations même sont
beaucoup moins sujettes que d'autres à la fièvre. Ce sont
généralement celles qui souffrent d'une autre maladie,
d'une maladie de foie, par exemple. C'est à cette affection
que le voyageur Schweinfurth, en particulier, croit devoir
attribuer le privilège d'avoir été constamment exempt de
la fièvre dans la vallée du Nil. Les indigènes ayant un
acclimatement de plusieurs générations sont aussi moins

Campement d'une caravane. (P. 280.)

souvent et moins gravement malades que les étrangers.

Ainsi portés à l'intérieur, les ferments se développent, se multiplient, s'agitent et causent à l'organisme cette perturbation qui constitue la *fièvre*. La transpiration répand en dehors les principes nuisibles, pendant que la quinine tue les ferments ou en neutralise les effets, et que d'autres agents médicamenteux, purgatifs et vomitifs, débarrassent l'estomac et les intestins de la bile surabondamment sécrétée par le foie et partout répandue.

Cependant il est difficile que cette médication ait entièrement débarrassé le système infecté. Aussi les ferments se multiplient de nouveau, et, parvenus à un développement suffisant, ils déterminent, au bout d'une période fixe, les phénomènes déjà décrits. Voilà pourquoi la fièvre revient.

On a remarqué que, dans le cours d'un voyage, et sous la surexcitation de la marche en avant, on est beaucoup moins sujet à la fièvre. Mais qu'on se repose quelques jours, qu'on s'abandonne au farniente, et l'on est pris.

Souvent aussi les ferments peuvent rester endormis, pour ainsi dire, et sans causer aucun trouble notable. Pour les réveiller et déterminer la fièvre, il suffit alors d'une fatigue exceptionnelle, d'un travail excessif, d'un refroidissement subit et sensible, d'une grande perturbation, d'un excès quelconque. C'est pourquoi, en Afrique, on recommande un travail continu et modéré, une constitution pas trop bilieuse, une bonne humeur perpétuelle.

Malgré tout néanmoins on est bien obligé, ne fût-ce qu'en passant, de respirer l'air de certains pays marécageux et malsains. Peut-être alors une médication constante et bien entendue, de la quinine prise tous les jours en certaine quantité, du quinium, de la quinoïdine, arriverait au moins à prévenir les accès dangereux.

C'est la nuit surtout que les miasmes s'élèvent, et les
plus lourds sont les plus nuisibles. Aussi est-ce une bonne
précaution, en voyage, d'avoir un lit de camp un peu
élevé, plutôt à l'abri d'une varangue ou sous une tente
ouverte que dans une case dont le pavé n'est pas battu,
et qui serait hermétiquement fermée; une bonne précaution encore de dormir toujours sous le moustiquaire, dont
les fines mailles retiennent le plus gros des miasmes au
passage; une bonne précaution de ne point conserver les
pieds mouillés, de ne point aller dans les herbes chargées
de rosée, d'éviter les marais; une bonne précaution enfin
de porter gaiement ses peines dans une conscience en
paix.

XXIV

Le 26 janvier de bon matin, la fièvre ne paraissant plus,
nous nous mîmes en route pour le village de Mwéné-
Sagara. M. Bloyet, qui connaissait le vieux chef, nous
accompagnait.

L'étape est longue, mais agréable. En quittant la station
française, le sentier va d'abord tout droit de l'est à l'ouest,
laissant à gauche le village important de Mboumi, la souveraine du pays, en traversant l'autre village populeux et
défendu par une énorme estacade du vieux chef *Mwéné-
Toupa (le Seigneur de la bouteille)*, ou, comme on disait
jadis, M. le bouteiller).

Marchant toujours, on arrive au Mkondogwa, et là,
tournant droit au nord, on suit constamment le cours de
la rivière, qu'on passe à gué au delà de Réhennéko et
presque en face de Kiora.

Kiora est un petit village assis sur une hauteur. Nous y
trouvons le reste d'une expédition anglaise : six chariots
encore bien conservés.

Il y a cinq à six ans, les missionnaires anglais, voulant pénétrer à l'intérieur, crurent n'avoir rien de mieux à faire que de procéder ici comme au Cap, et, sous la direction du Rév. Price, ils organisèrent à Sadani, au nord de Bagamoyo, un convoi composé de chariots solides, sur lesquels ils chargèrent leurs marchandises et auxquels furent attelées de nombreuses paires de bœufs. Les bœufs n'étaient pas domptés, et les dompter n'était pas chose facile. Ensuite il n'y avait point de route, et chaque jour il fallait employer un grand nombre d'hommes pour frayer, devant l'attelage suant et fumant, les chemins nécessaires. Puis les noirs, ne comprenant rien à ce manège, se fatiguaient vite, plus indociles encore que leurs bêtes. Les bœufs marchaient cependant; mais avec quelle lenteur on avançait! Souvent, arrivé sur une colline, le convoi roulait dans la vallée d'où il était monté; tout était à recommencer. D'autres fois on se trouvait pris dans les broussailles; ailleurs on se perdait dans les marais. Puis comment passer les torrents, les rivières et les fleuves? La tsétsé piquait les bœufs, et les piquait à mort; les noirs, de leur côté, prenant ces pauvres bêtes comme un régal qui leur était offert, s'en allaient la nuit leur couper les jarrets!... A la fin on s'aperçut de cette cruelle manœuvre, et on ne leur donna plus la viande des bœufs qui mouraient.

Mais, cette privation étant évidemment une punition trop faible pour leur faute, un Européen imagina, quand il avait à se plaindre de ses hommes, de les attacher tous les uns derrière les autres, au moyen d'une corde solide, entre deux chariots suffisamment distants. A chacun il remettait un bâton; puis, s'armant lui-même d'un solide gourdin, il inspectait les rangs comme un capitaine.

« Attention! Armes au bras! »

Et tout à coup il frappait sur le dernier de la bande en disant :

« Tiens, frappe sur l'autre ! »

L'autre, en effet, frappait sur l'autre, et l'autre sur l'autre, et l'autre sur l'autre, jusqu'au bout. C'était une pluie, une averse, une grêle, une tempête de coups de bâton !

Enfin tous les bœufs disparurent ; mais les chariots restèrent. Il y en a deux chez Farhani, un peu avant Kondoa, et six à Kiora. Les indigènes n'y ont pas touché. C'est à peine si les enfants se permettent d'aller jouer à cache-cache dans ces grandes boîtes des blancs et si les ménagères osent parfois étendre leur linge sur ces grosses roues de fer.

Le Mkondogwa, qui porte plus loin le nom de Mkata et enfin celui de Wamé, prend sa source au nord de l'Ousagara. Coulant d'abord vers l'ouest, il tourne ensuite au sud, se dirige un peu vers l'est, remonte au nord et reprend, au pied du Ngourou, la route de l'est, qu'il ne quitte plus jusqu'à son embouchure. Il se jette dans la mer près de Sadani, au nord de Bagamoyo et en face de Zanzibar. Ses principaux affluents sont : à gauche le Roufouki et le Sima, dont nous devions explorer les vallées ; le Kimé, qui n'est qu'un torrent ; la rivière importante de Roudéwa, jusqu'où s'étend le pouvoir suzerain de notre vieille amie Simba-Mwéné ; puis le Walé, qui descend du Ngourou, le Mkindou et le Kouloula ; à droite il ne reçoit que le Ndouhou, au-dessous de Mwéné-Sagara, et quelques cours d'eau sans importance.

De la station française au village de Mwéné-Sagara et au-dessus, le fleuve coule entre deux chaînes parallèles de montagnes boisées, plus ou moins hautes et coupées de gorges intéressantes. Malheureusement l'eau y est rare.

D'un côté, à l'est, s'étend le Kagourou, de l'autre l'Ou-koutou.

Cette vallée du Mkondogwa est très belle, peuplée de nombreux villages, cultivée, fertile ; quand on arrive sur une hauteur, on a sur le fleuve une vue superbe.

Il coule lentement sur un terrain noir semé de quelques rochers de quartz, tantôt resserré entre deux berges assez hautes, le plus souvent étendant une large nappe d'eau sur un lit peu profond, presque partout orné d'îlots pittoresques où poussent surtout les roseaux et les mimosas. Les bords sont ombragés de grands arbres penchés sur l'eau ; çà et là des étangs, que le fleuve abandonne dans la saison sèche, sont comme des rivières où les poissons fourmillent. Ici encore nous trouvons les figuiers sauvages, les gommiers épineux, les tamariniers, les platanes, et un genre de palmier très élégant et très curieux que les indigènes appellent le mwoumo. Des troupeaux de vaches, des chèvres magnifiques, des moutons à grosse queue, disparaissent dans les pâturages inondés de soleil, et tout cela donne à ce pays un air de prospérité qui réjouit.

Longeant toujours le Mkondogwa, nous arrivons bientôt, avec un soleil torride sur la tête, au village du vieux Mwéné-Sagara. C'est le titre du chef de la tribu des Wasagara.

Le village est grand ouvert et tranquillement assis dans une plaine. Il est à cinq minutes du fleuve, et au pied des montagnes.

Nous nous dirigeons tout droit vers une case qu'on nous désigne comme le refuge ordinaire des étrangers. Mais en ce moment ce n'étaient pas précisément des étrangers qui y prenaient le frais, c'était un troupeau de vaches ; de plus, ces *dames* s'étaient conduites en ce pa-

Cours du Mkondogwa. (P. 283.)

lais presque royal absolument comme chez elles, et il eût fallu le courage d'un Hercule pour faire passer un fleuve dans ces autres écuries d'Augias. M. Bloyet y renonce le premier, et nous dormons sous la tente.

Bientôt deux hommes de la côte, qui étaient là depuis longtemps et qui faisaient un peu les fonctions de ministres, vinrent nous présenter leurs hommages. Mwéné-Sagara parut lui-même ensuite, portant son petit siège d'ébène, sur lequel il s'assit. La réception fut bonne, l'amitié conclue, les cadeaux échangés. Toute facilité fut laissée de visiter le pays, et des instances furent faites pour y déterminer notre établissement définitif.

Mwéné-Sagara est vieux, très vieux, presque centenaire. Grand, robuste, la tête tombant un peu sur sa vaste poitrine velue, il fixa constamment sur nous un regard immobile et bienveillant; mais il fut difficile de se faire comprendre, difficile de lui arracher d'autres paroles que des *oui* ou des *non*.

Le pauvre vieux a évidemment repris le chemin de l'enfance, et on ne peut songer à traiter rien de sérieux avec lui. On lui demanda s'il connaissait Zanzibar :

« Oui, » dit-il.

Et il se mit à sourire. Ce sourire disait beaucoup à qui savait le comprendre. Dans le vieux temps, le bonhomme avait été enfermé pendant trois ans dans le fort de Zanzibar, pour avoir coupé la tête à deux marchands arabes.

Il eut donc des jours de force et de puissance, et sa robuste charpente dut le rendre insensible à la fatigue. Aujourd'hui, hélas! le voilà bien calme,

> Chargé d'ans et pleurant son antique prouesse!

Pour l'ordinaire, on le trouve devant sa case, réchauffant ses grands vieux membres au soleil, et couvrant

d'un pagne usé son ventre plissé comme un parchemin.
Il a de beaux troupeaux de vaches, des chèvres et des
moutons, des poules, du mtama, du maïs, et avec toutes
ces richesses il meurt presque de faim; car ses enfants
sont dispersés au loin, et ses sujets, tout en lui restant
soumis, l'abandonnent. Sa nièce est mariée à Kilosa, près
de Réhennéko, et c'est elle qui doit lui succéder; car
dans l'Ousagara, comme en plusieurs autres tribus africaines, comme dans l'antique Égypte, la succession est
assurée non pas aux enfants du chef, mais aux enfants de
sa sœur aînée.

Nous restâmes là quatre jours, et, après avoir étudié le
pays assez loin, nous partîmes, convaincus que les environs de Kondoa fourniraient un emplacement plus favorable pour l'établissement de la mission future. Kondoa
est un centre important, d'où l'on pourrait au reste
rayonner aisément dans toute cette vallée populeuse et
fertile.

En revenant, nous avions résolu de nous arrêter à Réhennéko pour visiter les alentours, et surtout l'étang qui
s'y trouve. Cette pièce d'eau remarquable dort au-dessous
du village et au fond d'une vallée; il faut au moins trois
quarts d'heure pour en faire le tour. On dit que les hippopotames l'habitent. Nous n'en vîmes point; mais des
crocodiles se tenaient à fleur d'eau, immobiles, et de loin
ressemblant à d'énormes troncs d'arbres. M. Bloyet les fit
rentrer dans le fond de leur demeure en leur envoyant
quelques balles. De nombreux poissons passaient sous nos
yeux, faisaient briller leurs écailles à reflets argentés à
travers l'eau tout ensoleillée; sur les arbres voisins, des
aigles pêcheurs à tête blanche et au plumage rougeâtre
guettaient leur proie; des canards se cachaient dans les
herbes, et, s'avançant légèrement sur les larges feuilles

de nénuphars, des oiseaux aquatiques, aux pattes déliées, nous regardaient sans trouble à travers les fleurs.

Pendant que nous nous reposions au bord de l'eau, tout à coup le soleil pâlit, le vent souffla, et du fond de l'horizon montèrent de gros nuages qui envahirent tout le ciel. Nous n'étions pas encore rentrés au village que la pluie nous avait surpris, et bientôt, par un temps assez froid, une grêle abondante tomba. C'était la première fois que je voyais la grêle en Afrique. On nous dit que là, entre ces montagnes, elle se montre quelquefois. Cependant les indigènes ne semblent pas avoir de mot pour la désigner. Ils l'appellent une pluie de pierres, *mwoua ya mawé*.

L'orage passé, nous nous remîmes en route à travers l'eau qui, des montagnes voisines, s'écoule dans la vallée. Le soir, nous étions de retour à la station.

XXV

LE RETOUR — PASSAGE DE LA LONGA — ENTRE FIANCÉS :
COMMERCE ÉPISTOLAIRE — CHEZ MWANA GOMÉRA

Nous partîmes de Kondoa le lendemain 30 janvier. M. Bloyet nous accompagna jusqu'au village de Farhani, sujet de Simba-Mwéné, et chez lequel nous passâmes la nuit.

La vallée de la Longa fut visitée jusque près de sa source, et nous retrouvâmes là, comme ailleurs, les roseaux et les euphorbes enveloppés dans des fourrés de convolvulus en fleur.

La Longa se partage ici en deux bras qui se réunissent plus tard. Peu profonde, mais très large, nos hommes nous offrirent leurs épaules pour nous la faire traverser. Prévenances délicates ! Je monte sur le dos de Manéno, et, arrivé au milieu : « Si le bagage est trop lourd, dis-je, jette-le... » Et au même instant, glissant involontairement sur une pierre, mon porteur me lance dans l'eau la tête la première...

Plus loin nous revîmes Kingo, Mkoubwa, Kobéringa, la Mkata.

Depuis longtemps déjà mes chaussures étaient misé-

rables, et je me demandais comment je pourrais rentrer
Sans doute, armé d'un couteau et muni de grosses ficelles,
j'avais déjà fait à Kondoa mon apprentissage de cordon-
nier ; mais cette improvisation n'avait point tourné à ma
gloire ; sans doute aussi le Père supérieur avait donné
connaissance de notre détresse au F. Oscar, mais on ne
reçevait plus aucune nouvelle de la côte.

On en reçut à la Mkata. Un soir, des noirs, chargés du
courrier de M. Bloyet, nous abordèrent dans la case où
nous avions établi nos hamacs et nous remirent un billet.
C'était précisément le F. Oscar qui l'envoyait avec des
souliers.

« Mais, dit le P. Baur aux porteurs, où sont-ils, les
souliers ?

— Eh ! les voilà, » firent les autres en montrant leurs
pieds énormes emprisonnés dans nos chaussures !

Tels quels, crottés, élargis, déformés, nous fûmes
encore heureux de recevoir ces pauvres souliers.

La plaine que nous avions trouvée si sèche en venant
était maintenant couverte d'eau, et il fallut barboter pendant six heures à travers la boue, nous empêtrant dans
les herbes, glissant dans les trous, l'eau aux pieds, le
soleil sur la tête et la fièvre dans les membres.

En approchant de Vianzi, nos porteurs nous montrèrent
un point sur le bord du sentier :

« Ici, nous dirent-ils, est mort un blanc, et son corps
est là-dessous. »

C'est là, en effet, que reposent les restes de Moffat,
gendre de Livingstone et compagnon de Cameron. La
fièvre le tua ici, à l'entrée de la Mkata. Point de tombeau,
un petit espace recouvert de sable et ombragé de quelques
maigres broussailles.

A Mrogoro tout allait bien. On avait travaillé beaucoup

Passage de la Longa. (P. 291.)

pendant notre absence, les noirs de la montagne défrichaient les champs de la mission ; le roi de l'Oukami avait envoyé des cadeaux, et les jeunes chrétiens, pleins d'ardeur, coupaient du bois, sciaient des planches, bâtissaient leurs cases, ces cases où ils appelleraient bientôt leurs fiancées.

Un seul d'entre eux nous parut légèrement préoccupé, *Bonaventure Kitou*. Et pourquoi ne pas conter un peu l'histoire de son trouble ?

Trois fois déjà on avait offert à Bonaventure de se marier, et trois fois, regardant les partis qui lui étaient proposés à la manière du héron de la Fontaine ou du rat du vieil Horace, *dente superbo*, trois fois il avait préféré se réserver pour plus tard, sans prévoir, l'imprudent,

> Qu'on hasarde de perdre en voulant tout gagner.

« Elles sont trop laides, » avait-il dit poliment ; et il attendait. Or aujourd'hui il était triste. C'est que la veille il avait reçu d'une connaissance de Bagamoyo cette pièce pleine de fierté et de fautes d'orthographe :

Mosieu Bone a vantur c'es moi Éphémie ki te zécri ce lettre en bons fransais pouassavoi nou pansons ceci ; si mossieu Bonneavantur, il trouve nous vilenne comme tête corcodile, li vilin comme tête ipopotam, si li pas contant avec nous qil alle sercer en France son madame, enfin pour vidé mon qeur, je di comme un mossieu blanc de Zanzibard disait : Bonneavantu il est un pignouffe !

Sa même celle-là qui sera pas son madame pou la vi.

EUPHÉMIE.

Parmi ceux qui nous accompagnaient, il y avait, on l'a vu, quelques chrétiens mariés de notre village de Bagamoyo. L'un d'eux fut chargé de la verte réponse qui suit :

Madam Effémi, ses moi Bonaventure qui t'écrie peu ha peuh assavoir vous lavez raison ipopotam ipeu pa marié savec crocodille osi ses pa toi qui fera mes vestes !

Sa même.   BONAVENTURE.

.   .   .   .

Heureusement depuis lors les choses se sont arrangées, et au moment où ces lignes sont écrites, il y a tout lieu de croire que, pour la vie, Euphémie fera les vestes de Bonaventure...

Pendant que nous nous reposions un peu à Mrogoro, nous reçûmes la visite officielle de Mwana Goméra, notre adversaire, qui fut charmant.

Il réitéra ses excuses, et, de notre côté, nous le rassurâmes encore une fois sur nos intentions pacifiques. Le surlendemain, la visite lui fut rendue, et la réception qu'il nous fit fut des plus cordiales.

Il habite un beau village, grand et propre, au pied de la montagne du Ngour'wa Ndégué (le pied de l'oiseau). Tout près passe la rivière du Mrogoro, qui se jette ici dans le Guéringuéré, et dont le lit renferme quantité de pierres calcaires, précieuse ressource pour la mission.

Le gibier est, paraît-il, très abondant de ce côté. On nous dit même qu'il y a dans ces parages un éléphant dont les défenses sont si grosses, qu'elles traînent par terre et font des deux côtés des sillons dans le sol. Souvent on a tiré dessus ; mais il a toujours emporté les balles sans paraître en souffrir. « C'est, disent les noirs, une bête enchantée. »

XXVI

Notre mission, au supérieur et à moi, était finie. Nous n'avions plus qu'à remercier la Providence des secours qu'elle nous avait si souvent et si visiblement accordés et à reprendre le plus tôt possible le chemin de la côte, où l'on nous attendait avec impatience. D'ailleurs les orages, qui nous assaillaient tous les jours, nous avertissaient de l'approche de la saison des pluies ; et nous n'avions qu'à nous hâter si nous ne voulions pas voir notre retraite coupée par les marais de Msoua.

Nous fîmes donc nos adieux à nos confrères, à nos chrétiens, à Kingo, à Simba-Mwéné ; nous revîmes Mwhalé, Mkési, Koo...

Arrivée au Guéringuéré, notre petite caravane trouva la rivière grossie par les pluies, et nous eûmes beaucoup de mal à passer.

Sur la rive gauche, un village nous reçut; mais le soir, à la tombée de la nuit, la femme du chef, faisant rentrer ses poules, constata que six d'entre elles avaient disparu. Là-dessus grand tapage; nos porteurs furent accusés du vol ; le chef se fâcha, des menaces furent lancées, et, sans plus tarder, un vieux sorcier proposa de nous soumettre tous à l'épreuve solennelle du *dawa,* afin de démêler les coupables d'avec les innocents.

« Il est prêt, dit-il, le dawa ; qu'ils l'avalent, s'ils l'osent : ils mourront tous ici.

— Eh bien ! répliquaient les porteurs, donne-le donc, ton dawa : nous l'avalerons. »

Et chacun se frappait la poitrine avec énergie et candeur.

Le ciel n'est pas plus pur que le fond de mon cœur !

Cependant notre situation n'était vraiment pas brillante, et nous passâmes là deux ou trois mauvaises heures. A la fin, le chef se calma un peu ; on l'invita, si les poules ne se retrouvaient pas, à venir à Bagamoyo, où nous les lui payerions, et, le lendemain matin, nous pûmes partir sans avoir bu le dawa du vieux sorcier.

A Kisémo, là même où, en passant, nous avions été si bien accueillis, d'autres ennuis nous attendaient. N'ayant point retrouvé notre antique ami Mwényé Kwa-Konzé, le Père supérieur s'était arrêté devant un village où je le rejoignis quelque temps après. Le chef était là à la porte, refusant de nous recevoir, maussade et insolent. Nous le dérangions. Entre deux vieillards à faces endiablées, qui paraissaient l'assister, il se livrait, nous ne tardâmes pas à nous en apercevoir, à des pratiques de sorcellerie pour arriver à découvrir l'auteur d'un vol commis le matin même en son village. Sur la route on avait donc semé de la cendre d'un bois magique, de manière à former une croix à branches égales, parfaitement distincte. Les suspects étaient pris et successivement placés debout, les pieds sur la croix ; on leur perçait l'oreille avec une petite épine, puis le sorcier prenait un peu de cendre enchantée et la mettait dans le trou de l'oreille. Si la cendre passait à travers, l'accusé était innocent; mais si la cendre ne passait pas, l'accusé était le voleur cherché! Voilà l'opération que vint contrarier notre présence.

Voyant que, si nous insistions, nous pourrions nous attirer de mauvaises affaires, nous passâmes dans un autre village, où l'on nous reçut assez bien.

Les pluies tombaient toujours; la fièvre nous dévorait, la fatigue était grande, et nous n'avions presque rien à manger. Cependant nous nous étions procuré une chèvre dont nous avions tué et fait rôtir le petit. Elle nous donnait un peu de lait; mais, pour la traire, que de cérémonies! Au fait, cela nous occupait un peu et nous faisait rire. Nos ânes ne nous servaient point : l'un portait un de nos chrétiens qui souffrait d'une dysenterie opiniâtre et qui se trouvait affaibli au point de faire craindre pour sa vie; l'autre monture était plus malade encore que ses maîtres. Aussi, quand nous prenions de l'aloès, ne manquions-nous jamais d'en faire trois parts : une pour le P. Baur, une pour moi, et l'autre pour Coco.

Le lendemain nous réservait de nouvelles aventures, les plus rudes que nous ayons endurées pendant ce voyage. Les jours précédents, il était tombé beaucoup d'eau; mais maintenant le ciel paraissait s'éclaircir, et d'ailleurs nous étions pressés de fuir la *mazika* (saison des pluies), qui nous poursuivait depuis quelque temps. Nous nous mîmes donc de grand matin en route pour Msoua. Les sentiers étaient couverts de boue et de flaques d'eau, les herbes mouillées; mais nous nous étions aguerris dans la Mkata, et, tout en perdant un pas sur trois, nous avancions. Cependant, au bout d'une heure environ, la caravane s'engagea sous un bois dans un sentier qui devint bientôt une véritable fondrière. De l'eau jusqu'aux genoux d'abord, jusqu'aux reins ensuite, bientôt jusqu'aux oreilles. Les porteurs, chargés comme ils l'étaient, ne pouvaient plus avancer; nos ânes s'arrêtèrent avec opiniâtreté dans la boue. Il fallut battre en retraite.

Or, pendant que le Père supérieur restait avec les hommes, je pris un porteur de bonne volonté, et tous les deux nous partîmes à la découverte. A droite, le terrain s'élevait un peu, et, persuadé que nous n'avions plus rien à craindre, je pris les devants tout seul, pour préparer d'avance au village une case et du feu.

J'allais toujours ainsi rapidement et gaiement; mais il en fut de ce sentier comme les auteurs spirituels assurent qu'il en est du chemin de la perdition. Peu à peu les flaques d'eau reparurent, puis un terrain sec, puis des ruisseaux, puis des prairies noyées, des forêts, des étangs, des marais, une inondation sans fin, s'étendant à perte de vue et couvrant tous les chemins ! J'étais perdu...

Pour comble d'infortune, j'avais précédemment égaré une petite boussole de deux sous, et il ne me restait plus pour me guider que le soleil, un soleil implacable qui congestionnait la tête, pendant que les pieds étaient glacés dans la boue.

Il fallait avancer pourtant; et j'avançais toujours, dans l'espérance que j'étais dans la direction du village et que bientôt je sortirais de cet affreux champ de manœuvres.

Ce fut tout le contraire. Après trois à quatre heures d'exercice à travers les broussailles inondées, où j'avais de l'eau, ici jusqu'au genou et là jusqu'au cou, j'arrivai enfin à une rivière roulant sous de grands arbres un volume d'eau énorme et qu'une mauvaise inspiration me disait de traverser. Justement il y avait un tronc couché en travers, et, sondant la profondeur du courant avec un long bâton, je tentai l'entreprise : un faux pas m'entraîna dans le gouffre, et cette fois je me crus tout à fait perdu... Des lianes que j'accrochai en passant me servirent pourtant d'échelle, et je pus regagner le bord d'où j'étais tombé ; mais je ne passai point.

Ah ! c'est dans ces circonstances surtout que le missionnaire se sent bien entre les mains de la Providence ! C'est alors que, toute assistance humaine faisant défaut, perdu en un pays sauvage et inconnu, quand on ne voit sur sa tête que de grands nuages noirs montant à l'horizon, quand on n'a sous ses pieds qu'une terre qui disparaît dans l'eau, quand la voix se perd dans un silence épouvantable, et que l'on constate bien que, au milieu de toute cette nature envahie, on est seul, absolument seul, c'est alors qu'on est heureux de se rappeler pourquoi et pour qui on est là, pour quelle œuvre et pour quel Maître !

Le sacrifice de la vie est fait depuis longtemps. Et si c'est ici le lieu marqué pour mourir, que la volonté de Dieu soit faite ! Seulement puisse ce léger sacrifice, après lequel on a soupiré, tourner enfin au salut de la race maudite !...

C'est en roulant quelques-unes de ces pensées dans une tête alourdie par la fatigue, la fièvre et la faim, que je me remis en marche, à l'aventure, sans but, sans espoir, et pourtant sans trouble.

Peu après cependant, étant monté sur un arbre, j'aperçus un champ de maïs noyé dans l'eau. Je me dirigeai de ce côté, et voilà que, en arrivant, je me trouvai en face d'une vieille femme indescriptible qui, elle aussi, avait sans doute été surprise par l'inondation. Petite, sèche, ridée, ratatinée, pliée en deux, très noire et très drôle, poltronne jusqu'à la superstition, laide jusqu'à l'invraisemblance et sotte à faire plaisir, cette vieille m'apparut alors comme la fée du marais. Les pieds dans l'eau, deux grands pieds qui ressemblaient à des jambes de cigogne, elle me regardait d'un air ahuri, immobile et silencieuse ; sur sa figure, la bêtise et la peur étaient écrites en lettres majuscules... Cependant j'avais besoin d'elle : de l'air le plus avenant qu'il me fut possible de prendre, je m'approchai donc et la saluai. Pas de réponse. J'essayai alors, en langue kiswahili, de faire comprendre qui j'étais et ce que je désirais. Voyageur perdu, étranger, je demandais mon chemin, le chemin du village de Tongo à Msoua. La vieille, avec une grimace féroce, me répondit :

« Va-t'en ! va-t'en !

— Mais c'est ce que je voudrais faire, lui dis-je en essayant de la calmer. Seulement je ne connais pas mon chemin ; montre-le-moi.

— Va-t'en ! va-t'en ! » criait-elle toujours.

En récompense de ses services, je lui offris, une fois au but, de lui donner des étoffes, beaucoup d'étoffes, de belles étoffes ; car elle n'avait pour habillement qu'un misérable chiffon qu'on avait peine à distinguer de sa peau. Mais elle ne savait que répéter :

« Va-t'en ! va-t'en ! » entremêlant ces mots de paroles que je ne comprenais pas, mais que je me gardais bien de prendre pour des compliments.

« Va-t'en ! va-t'en ! tu me fais peur... ; tu es laid, laid...

— Ah ! maman, lui dis-je alors, ne me fais pas ce reproche ; car, entre nous, tu n'es pas déjà si belle !... »

Je restai plus d'une demi-heure à la supplier ainsi, toujours en vain. Une fois, j'étais allé dans la direction qu'elle me montrait ; mais j'avais dû revenir bientôt sur mes pas, arrêté par un immense étang. A la fin, j'eus la pensée de me servir de mon bâton ; mais je me retins, et, une inspiration me venant, je dis à mon intraitable vieille :

« Eh bien ! fais comme tu voudras. Pour moi, je ne te quitterai point que tu ne m'aies toi-même précédé dans mon chemin. Va, je te suivrai partout ! »

Et je la regardai fixement sans rien dire, ouvrant de grands yeux impossibles. Elle faisait un pas, j'en faisais un ; elle allait, j'allais ; elle revenait, je revenais... Alors, au bout de cinq minutes, la vénérable fée fut prise d'une telle épouvante, qu'elle poussa un grand cri désespéré ; ses mâchoires usées claquèrent, et ses vieux genoux se mirent à flageoler subitement, se frappant l'un l'autre comme deux pièces de bois sec...

Mais enfin elle marchait, la vieille, elle trottinait, elle courait, et je la suivais. Nous étions dans le chemin.

Une demi-heure après, j'entends de grands cris : c'était la caravane. J'avance : c'était le P. Baur...

« Maintenant, maman, dis-je à mon tour, va-t'en ! tu me fais peur. »

Et la vieille fée des marais disparut dans les hautes herbes, trop heureuse d'en être quitte à si bon compte.

Cependant nous étions loin encore du village cherché. Dans l'eau jusqu'au cou, nous avancions lentement, portant nos montres en l'air comme le Camoëns ses *Lusiades*. On ne voyait des ânes que les naseaux, et ces pauvres bêtes étaient dans un état encore plus pitoyable que nous.

Enfin, après mille aventures, nous parvînmes à sortir de ce bourbier, et le village parut.

> Le Roy, l'âne *et* moi nous mourrons,

disait le P. Baur.

Eh bien! non. Des trois, il n'y a que l'âne qui ne soit plus.

Mais les autres ont souffert. Après avoir ainsi passé la journée et être arrivés au village dans l'état qu'on se figure, nous n'avions rien pour changer. Les porteurs qui avaient nos effets se trouvaient en arrière, perdus eux-mêmes et ne sachant comment faire.

Le soir cependant tout le monde était réuni. On alluma de grands feux, et à la flamme qui pétillait gaiement chacun s'ingénia pour faire oublier à son voisin les tristesses du jour.

Chose curieuse! la verve de nos hommes se trouva, ce jour-là, plus en train que jamais.

Les uns allumèrent leurs pipes, pipes de stéatite dont le tuyau est un long et mince roseau. Les autres, plus intrépides, se mirent à fumer le *bangh* dans des narguilés faits de courges vidées et séchées. Le *bangh* (*cannabis sativa*) est un chanvre résineux dont les propriétés narcotiques sont curieuses : il contracte les muscles de la gorge et détermine une toux violente qui gagne bientôt tout le cercle des fumeurs; en même temps il enivre, il provoque des hallucinations, des rêves dorés, des extases.

Marsoukou, lui, nous raconta sa vie. Marsoukou était de la puissante, belliqueuse et anthropophage tribu des Manyéma, à l'ouest du Tanganika.

Je n'essayerai point de relater à mon tour toutes les confidences qu'il fit alors ; mais, dans le nombre, il en est qui ne manquent pas d'intérêt cependant, si l'on veut connaître les mœurs de ces pauvres peuples africains. Dès son plus bas âge, Marsoukou avait été soldat, et, si loin que ses souvenirs pouvaient se porter en arrière, ils ne lui rappelaient que deux choses : il avait donné des coups et il en avait reçu. Comme pièce de conviction, il mon-

Dans l'eau jusqu'au cou. (P. 303.)

trait une large cicatrice dans le jarret où une lance l'avait frappé, de vieilles blessures aux jambes, aux bras, à la tête, partout, surtout dans le dos...

« As-tu connu Koussou? hasarda un camarade.

— Si je l'ai connu! répondit le soldat avec dignité. C'est moi qui l'ai mangé... »

Cette déclaration lui échappa; car, en face de nous, il n'avait jamais osé avouer ce péché d'enfance.

Marsoukou nous raconta entre autres une chose curieuse. Il nous dit que, à quelques jours de marche de son pays, existait une tribu d'hommes tout petits, très fins et très malins. Il ajouta que ces Pygmées ont la tête grosse et carrée, et il paraît qu'ils ont une telle propension au sommeil, que, assura-t-il, s'ils n'y prenaient garde, ils dormiraient toujours. Mais ils ont soin d'entretenir chez eux des hommes d'une tribu voisine qui couchent dans leurs cases et qui les réveillent chaque matin...

A côté de Marsoukou, Manéno, plus pratique, s'arma d'un couteau, d'une grosse aiguille et d'un peu de fil; voulant s'habiller comme nous pour se donner un air digne, il eut l'idée sublime de se faire des culottes. Après avoir cousu deux courts boyaux dans lesquels il s'emprisonna les jambes, il fit le fond, mais si large, si vaste, si invraisemblable, qu'il eût pu y loger à l'aise toute sa famille. Rien de plus pittoresque d'ailleurs que de le voir marcher là dedans droit et fier comme un tambour-major.

Des Waswahili de Zanzibar voulurent à leur tour exalter leur pays et leurs coutumes.

« Nous, nous ne sommes plus sauvages, dit le plus orateur d'entre eux; nous, nous connaissons les manières. Ainsi, chez nous, quand quelqu'un a soufflé son dernier souffle, on le prend, on le place sur un lit de cordes, et sous lui on creuse un trou. Écoutez bien! sous lui on creuse un trou; et alors deux hommes le déshabillent, et pendant plus d'une heure ils le pétrissent, jusqu'à ce qu'ils aient fait sortir tout du ventre, tout, tout, tout... Et puis on le met en terre. Alors, ajouta le marcheur en se rengorgeant, quand celui-là passe dans l'autre monde, si l'âme est sale, au moins le corps est propre!.. »

Quoique peu connu des Européens de Zanzibar, ce trait de mœurs pourtant est authentique; c'est pourquoi je le relate tel quel, faisant des vœux pour que la curiosité du fait fasse pardonner un peu la verdeur de son réalisme.

Au delà de la rivière de Msoua, que nous parvînmes à grand'peine à passer sur un pont fait de deux énormes troncs d'arbres, nous n'eûmes plus à souffrir de l'eau, mais du soleil. Les orages des jours précédents n'étaient pas arrivés jusque-là, et, pressés d'en finir avec ce voyage qui se prolongeait, nous traversâmes le désert de Sagati en une seule étape : dix heures de marche au soleil, sans eau cette fois, même pour boire.

C'était le moment où, avant les grandes pluies, les herbes sont brûlées. C'est un mal que ces incendies, car le feu, que rien n'arrête, détruit les belles forêts et empêche ailleurs les arbres de pousser librement; mais c'est une nécessité, car en ce pays, où la végétation abonde, on ne pourrait bientôt passer nulle part si le feu n'y mettait ordre.

Au reste ces incendies sont magnifiques.

Le soir, quand la nuit va tomber, on signale à l'horizon un point lumineux qui grandit tout à coup. Le feu rampe d'abord sous les herbes, mais bientôt il en dévore les têtes; il avance, il s'étend, il court et il vole, il saute par-dessus les torrents, il envahit tout. Le voici dans les forêts, où les arbres craquent avec un bruit sinistre sous son

L'incendie dans les forêts et les hautes herbes. (P. 308.)

impassible étreinte; le voilà qui escalade la montagne, et
la montagne, illuminée soudain, éclaire au loin l'étendue,
comme une torche énorme qui brûlerait dans la main
d'un géant. En même temps d'épais nuages de fumée
s'élèvent en tourbillons vers le ciel, et les bêtes sauvages,
effarées, fuient de tous côtés la flamme envahissante.
Quelquefois les villages eux-mêmes sont menacés; mais
le plus souvent on a eu soin de les mettre à l'abri en
défrichant tout autour de larges espaces ou en les cachant
dans d'épais halliers toujours verts et dont la vie tenace
triomphe de l'incendie.

Trois jours encore nous séparaient de Bagamoyo.

Arrivés enfin au Kingani grossi et débordé, nous eûmes
de la peine à passer sur l'autre bord.

Des caravanes étaient là, revenant de l'intérieur, et
devant nous trois pauvres Wanyamwézi tombés d'une
pirogue avaient été dévorés par les crocodiles.

En prenant nos précautions, et en faisant autant de
tapage que possible autour des embarcations, nous pûmes
passer néanmoins sains et saufs, nous, nos hommes et
nos ânes.

De l'autre côté, nous reçûmes fort à propos de la mission, prévenue de notre approche, un panier d'oranges
avec des mangues et du pain. Le plus grand honneur fut
fait à ce cadeau de bienvenue dont il ne resta pièce, et
deux heures après nous nous retrouvions au milieu de
nos confrères...

XXVII

VUE D'ENSEMBLE — CULTIVATEURS, PASTEURS, CHASSEURS ET GUERRIERS —
LES ARTS — LA MODE — LE CARACTÈRE — LA FAMILLE — LE GOUVERNE-
MENT — LA RELIGION — LA LANGUE.

Tels sont ces pays, tels sont ces peuples.

Mais, après avoir parcouru avec le missionnaire ce
coin du « continent mystérieux », le lecteur serait heureux sans doute de trouver ici réunis les traits épars de
cette relation qui sont de nature à montrer ces pauvres
chers noirs tels qu'ils sont avec leur civilisation propre,
dans leur vie de chaque jour, dans leur famille, leur gouvernement, leur religion.

Or ce qui frappe surtout celui qui, dans le seul désir de
leur faire du bien, s'en va chercher ces enfants perdus
de la famille humaine, ce n'est pas l'extravagance de leur
vie sauvage : c'est, au contraire, la ressemblance étonnante que la nature de l'homme revêt en Afrique et en
Europe, partout.

La plupart des noirs du Zanguebar vivent du travail
des champs. Ils cultivent surtout le maïs, le sorgho, le riz,
la patate, plusieurs espèces de haricots. Ils ont le bananier, le cocotier, le palmier, le ricin, etc. Le labour est
fait par les hommes, aidés des femmes quand celles-ci ne

sont pas empêchées par leurs devoirs de mères. Les travaux commencent lorsque la constellation des Pléiades monte à l'horizon. Les semailles faites, on se repose, on s'amuse, on voyage, on boit et on chasse.

La boisson est l'eau, le pombé, le vin de palme.

Toute l'Afrique connaît le tabac, le cultive, le fume et le prise. Le fourneau des pipes est en stéatite ou en terre, le tuyau formé d'un mince roseau. D'autres font usage du narguilé : c'est une courge vide et à moitié remplie d'eau, où la fumée passe avant d'être aspirée.

Cependant le tabac paraît être étranger au pays, car il porte presque partout le nom évidemment portugais de *tobaco, tombakou, tombatou,* etc.

Partout on a des poules, et partout des chèvres, des chèvres de différentes races, dont quelques-unes sont magnifiques. Dans bien des villages on élève en outre des moutons et des bœufs, parfois des ânes. Le cheval n'est pas connu, et le bœuf ne travaille point.

On récolte le miel, mais on ne pratique point l'apiculture. Seulement, comme il y a beaucoup d'abeilles sauvages, petites, vives et irascibles, on les attire dans quelques tamariniers ou quelques baobabs en y plaçant une sorte de ruche faite de deux écorces d'arbres. Les abeilles viennent s'établir dans cette maison toute faite, et, au temps voulu, on les en déloge pour s'emparer de leur miel.

Du grain récolté on fait deux parts : l'une sert à l'alimentation, l'autre est réservée pour les semailles. Celle-ci est soigneusement conservée dans des écorces et des feuilles liées de manière à former un paquet que l'on suspend à l'air libre, aux branches d'un arbre, pour le défendre contre les rats et les insectes.

Les instruments de travail sont la pioche en fer et

quelquefois en bois d'ébène, la hache, le coutelas, la serpe.

La batterie de cuisine se compose de vases en terre travaillés par les femmes, à la main et sans le secours d'aucune machine; d'autres vases, de toutes formes et de toute capacité, faits avec des courges vidées; de corbeilles tressées avec l'écorce de divers palmiers; d'un lit de corde monté sur quatre pieds de bois; de tabourets, de mortiers et de pilons en bois, en tout semblables à ceux dont faisaient usage les anciens Égyptiens.

Laboureurs et pasteurs, les noirs sont aussi très volontiers chasseurs et guerriers. Ils savent recueillir les minerais et travailler le fer, le cuivre et l'étain. Ils utilisent les bois durs comme l'ébène; mais on ne trouve point chez eux d'outils en pierre taillée et polie. Ils font donc, outre les instruments de labour cités plus haut, des lances, dès flèches, des javelots, des coutelas, des épées plates et larges; ils ont aussi des casse-tête en bois ou en corne de rhinocéros, des carquois en écorce, des fourreaux en peau, des filets de chasse. Leurs flèches sont souvent empoisonnées. Plusieurs tribus se servent pour cela d'une euphorbiacée dont l'antidote est l'aubergine sauvage. Ils connaissent aussi l'art de narcotiser le poisson avec les téphrosies ou les euphorbes. Le poisson pris ainsi ou à l'hameçon est fixé entre deux petits bois plantés devant un feu clair. Ils font cuire leur viande.

Ici d'ailleurs pas d'allumettes chimiques. On obtient le feu en frottant l'un sur l'autre rapidement deux morceaux de bois bien secs. Le mouvement, dit la physique, se transforme en chaleur, et la chaleur en feu.

Chez les noirs, la musique est en honneur. D'abord on chante, et, chose curieuse, du sud au nord, de l'est à l'ouest, l'air est partout et toujours le même, partout et toujours plaintif, nasillard, languissant, mélancolique et monotone. On dirait un peuple qui soupire et qui attend, qui soupire après sa liberté, qui attend sa délivrance.

Les instruments de musique sont simples et peu nombreux : des espèces de guitares et de harpes, des trompettes, des chalumeaux et ce tam-tam africain, si universellement connu et universellement goûté.

Par ailleurs, les arts de la sculpture et du dessin sont tout à fait dans l'enfance, capables seulement de quelques enjolivements grossiers; il est très rare de trouver un noir qui soit en état de tracer une ligne droite. Faut-il conclure de là que, dans l'échelle de la civilisation, la musique, au-dessous, est l'art le plus naturel, et la peinture, au-dessus, l'art le plus difficile?

Les jeux ne sont pas non plus très variés. L'un des plus en vogue est une espèce de damier, fait d'un morceau de bois dans lequel deux rangées de trous sont pratiqués. Ces trous contiennent des billes, cailloux ou pois, qu'on place et qu'on enlève suivant certaines lois précises. C'est l'*oubao*, connu sur la côte occidentale sous le nom d'*ouari*.

On aime d'ailleurs beaucoup à danser, à plaisanter, à lancer des épigrammes sur le compte du voisin, à se proposer des devinettes, à citer des proverbes, à parler et à rire. On va jusqu'à commettre des calembours, et tout étranger qui passe reçoit son sobriquet. De proche en proche, les nouvelles se communiquent très rapidement.

En Chine, la mode a inventé les petits pieds; en Afrique, la même mode a gratifié le même sexe de tout un attirail, moins ridicule peut-être qu'en Europe, mais toujours gênant. Donc les femmes portent des colliers de perles en telle quantité, qu'ils couvrent la poitrine comme d'un énorme plastron; elles ont aussi aux bras et aux pieds de lourds anneaux de cuivre; elles ont des pendants

1. La femme du chef de Koberinga, le lendemain de la naissance de son enfant. — 2. Ruche artificielle. — 3. Magasinage du grain. — 4. Vase pour puiser l'eau. — 5. Vase en terre. — 6. Mortier et pilon. — 7. Corbeille-vase. — 8. Corbeille servant d'écuelle pour boire. — 9. Courges employées comme vases.

Cases et ustensiles divers. (P. 314.)

d'oreilles; elles ont le nez percé, les lèvres fendues, etc.
Car la vanité humaine, grosse de sottises, est de tous les
pays et de tous les temps.

Parmi les hommes, les uns ont les dents limées; d'autres
ont les deux incisives de la même mâchoire supérieure ou
inférieure arrachées; d'autres sont tatoués. C'est le moyen
de reconnaître la tribu à laquelle on appartient.

Tout le monde est habillé ou à peu près; hommes et
femmes portent donc ordinairement un pagne autour des
reins, morceau d'étoffe, peau de bête ou tissu végétal.
Seuls les enfants ne sont guère vêtus que de leur peau et
d'un rayon de soleil.

Les cheveux subissent en divers endroits un travail
compliqué. Quand ils sont épais, on y trouve plantée une
petite broche en bois, sculptée en forme de fusil, et destinée à aller percer sur le cuir chevelu les parasites qui,
dans le langage imagé des noirs, comme dans celui des
blancs, portent un nom métaphorique équivalant à celui
de *grenadiers*...

Jusqu'à l'âge de douze à quatorze ans, le noir est ici
intelligent, très intelligent, très ouvert et très gentil;
depuis l'âge de cinquante à soixante ans, il est également
fort agréable dans ses conversations et ses manières.
Mais, entre ces deux âges, il est une période difficile où
trop souvent on le trouve borné, peu expansif, empâté
dans la matière. En somme, le noir est enfant toute sa
vie. Je parle des païens; car, chez la majorité des chrétiens, l'influence religieuse est visible et admirablement
civilisatrice.

Au reste, tous ces pauvres gens sont vraiment et absolument ce que nous sommes : mêmes passions, mêmes
sentiments, même nature pétrie de bien et de mal et susceptible de bonnes comme de mauvaises impressions.

Seulement, en général, on remarque chez eux moins de
soucis que chez nous, moins d'ambition, moins de désirs.
Là on vit sans se tourmenter, on souffre sans se plaindre,
on meurt sans regret. Le suicide est inconnu. On n'aspire
ni à la vie ni à la mort. Aussi les stoïciens du vieux temps
font pitié, quand on les voit se donner tant de peine pour
acquérir avec fracas ce que nos braves sauvages pratiquent
si simplement et si bien.

Le noir n'a peur de rien. Seul et presque sans armes,
il s'engage dans de longs voyages dont il ne prévoit pas
l'issue; il court la nuit comme le jour; il se présente sans
trouble dans les assemblées les plus imposantes; il part
pour la guerre, il cherche les aventures, il se bat, il avance,
il fuit, il tire, il blesse, il tue. Quand il est frappé, il crie :
« Maman! maman! » Et, s'il faut mourir, il se couche et
se tait...

Dans ces tribus sauvages, la moralité n'est pas éteinte.
Il y a pour tous des choses bonnes et des choses mauvaises : le vol est puni, l'homicide est puni, l'adultère est
puni, la révolte est punie. L'hospitalité est toujours en
honneur, et le mot *tchoyo* (ladre) est l'une des injures les
plus graves du répertoire kiswahili.

La famille est régulièrement constituée sous l'autorité
absolue du père. Au Zanguebar, la polygamie n'existe que
chez les chefs, et pas chez tous les chefs. Les enfants
sont souvent sacrifiés à la superstition. Devenus grands,
ils ont d'ailleurs peu de respect pour leurs parents et
point d'affection. Le péché de Cham les suit.

Malheureusement aussi, l'esclavage est presque universellement pratiqué. Mais il est juste d'ajouter ici que, tant
que l'esclave est dans sa case et qu'il obéit, il est assez
bien traité. Les horreurs de cette institution sont surtout
dans la chasse à l'homme organisée contre des tribus pa-

1. Épée nationale. — 2. Couteau. — 3. Fusil-bijou à l'usage des dames. — 4. Casse-tête. — 5. Serpette. —
6. Hachette. — 7. Houe. — 8. Javeline. — 9. Lance. — 10. Tambours de guerre. — 11. Arc et flèches. —
12. Guitares. — 13. Zézé, instrument de musique. — 14. Pipe. — 15. **Narguilé.** — 16. Tabatière. —
17. Ouboa (jeu). — 18. Tabouret.

Armes et objets divers. (P. 315.)

cifiques et dans le sans-gêne cruel avec lequel on sépare, pour les vendre, la femme d'avec le mari, les enfants d'avec la mère.

Quant au gouvernement, ce n'est ni la monarchie ni la république, c'est le patriarcat. Le chef de la famille dépend du chef de village, et le chef du village dépend du chef de la tribu, mais d'une manière assez lointaine. L'autorité de ce dernier, en principe, est absolue; en fait, il se garderait bien, et pour cause, de rien tenter de contraire au sentiment public. Le chef est élu par les principaux personnages de l'endroit. Dans certaines familles, ce titre est héréditaire; ailleurs on choisit assez librement, et le bonnet orné de griffes de lion passe alors, comme la couronne d'Alexandre le Grand, « au plus digne! » Dans quelques tribus, comme dans l'antique Égypte, la souveraineté est dévolue non aux enfants du chef, mais aux enfants de sa sœur. L'aîné, du reste, a partout les premiers droits.

J'ai parlé ailleurs des idées religieuses de nos pauvres paroissiens. Dieu est connu, non pas de chacun peut-être, mais de la masse. Dieu est connu; mais, comme il est bon, pourquoi s'occuper de lui? Et dès lors qu'il ne réclame pas, *manducemus et bibamus : cras enim moriemur!*

Par contre, il y a beaucoup d'esprits méchants, et c'est à eux que tous les honneurs passent, car il est important de se les rendre propices, ou tout au moins de les apaiser. Voilà pourquoi on leur bâtit de petites cases, on leur offre les sacrifices qu'ils exigent par la bouche des sorciers, on porte des talismans, etc. C'est ici surtout que l'esprit et le cœur de nos pauvres noirs s'égarent. La superstition leur fait commettre des choses ridicules et atroces, des meurtres, des infanticides, des incendies, des guerres, des horreurs; la superstition les abrutit, la superstition les aveugle, la superstition les accable, la superstition les tue. Cependant il y a aussi les esprits protecteurs : chaque tribu, chaque famille, chaque personne a le sien, qu'elle doit honorer à sa manière et en son temps.

Ces choses ne se remarquent pas à première vue, et voilà pourquoi elles n'ont pas été signalées par plusieurs voyageurs qui franchissent ces pays en courant. Mais, quand on reste là, quand on parle, quand on étudie, on est étonné de se heurter à chaque pas à des superstitions étranges chez ces peuples qu'on avait crus d'abord dépourvus de sentiment religieux.

Ainsi, dans la case que nous occupions à Mrogoro, il y avait deux gros cailloux de quartz blanc, dont l'un fut porté à l'ombre pour qu'on pût s'asseoir dessus. Cela n'a l'air de rien. Eh bien! ce fut un événement, un scandale, un attentat. La population parla de la chose, et une émeute allait s'organiser, quand Kingo, avec une courtoisie et une délicatesse réelles, se décida à nous avertir que nous étions exposés à de grands malheurs en maltraitant le *dawa* de la reine. Nous remerciâmes Kingo de sa communication et lui dîmes que nos intentions étaient absolument pacifiques; d'ailleurs, que notre dawa, à nous, étant supérieur à tous les dawa du monde, il n'y avait pas à craindre que celui de la reine se révoltât contre nous.

La chose passa; mais, le lendemain, le P. Baur ayant donné du pied contre une pioche plantée le manche en terre au milieu de la cour, il l'enleva, en avertissant le voisin qu'il avait oublié son instrument : « Ah! fit ce pauvre homme avec épouvante, c'est un dawa mis là par le grand sorcier, et tu l'as enlevé!... »

D'autres fois, nous employions pour la cuisine du bois qui était *mwiko,* c'est-à-dire qu'il était défendu de brûler.

Les trois principaux spécimens de la faune au Zanguebar.

Ailleurs, le *mwiko* s'applique à une plante, à un arbre dont tel ou tel ne peut manger les fruits, à un animal dont celui-ci ne peut se nourrir, à un rocher sur lequel celui-là ne peut monter, etc. En Afrique ces croyances se retrouvent partout.

On porte fréquemment aussi au bras, au cou, à la jambe, des gris-gris ou amulettes vendus par un sorcier en renom et destinés à préserver de tous les accidents de la vie. C'est le *dawa*.

Ce mot, du reste, a des acceptions multiples; mais au fond il n'a qu'un sens. Il s'applique à tout ce qui est supposé recéler en soi une force quelconque, une énergie, une vertu. Ainsi, le dawa, c'est le remède qui guérit; le dawa, c'est la poudre qui chasse le plomb; le dawa, c'est l'eau-de-vie qui brûle le gosier; le dawa, c'est la préparation magique qui fait découvrir les coupables; le dawa, c'est le fétiche, pierre ou bois, qui protège un homme, une case ou un pays.

Chaque tribu a son idiome; mais le *kiswahili* qui se parle à Zanzibar et sur la côte a été porté par les traitants loin dans l'intérieur, et, de plus en plus répandu, il est aujourd'hui compris du grand nombre. Chose curieuse! voilà une langue qui n'a rien emprunté à l'Europe, qui est toujours restée au service de pauvres noirs étrangers à notre civilisation, qui n'a fourni ni poèmes, ni histoires, ni contes, qui n'a pas même de signes orthographiques, et cette langue est parfaitement régulière, parfaitement rationnelle, parfaitement philosophique. D'où cette langue leur est-elle venue? Et si les peuples trouvent eux-mêmes la force de transformer la *voix* en *parole,* qui nous montrera par le monde une tribu qui ne parle pas encore ou qui ne fait que commencer à parler?

XXVIII

Ce tableau est incomplet sans doute. Aussi bien ces quelques traits suffisent pour donner une idée de la civilisation zanguebarienne. Ils suffisent pour établir d'abord cette vérité que nous sommes ici un peu loin de ces hommes « pareils aux habillés de soie ».

> Setigerisque pares suibus...

dont parlent le grand Lucrèce d'autrefois et ses petits disciples d'aujourd'hui.

En outre, si on a lu les relations des derniers voyageurs, de Livingstone, de du Chaillu, de Compiègne, de Schweinfurth, de Cameron, de Stanley, de Serpa Pinto, du P. Duparquet et des autres missionnaires africains qui ont décrit les mœurs de leurs tribus, on est vraiment frappé de la ressemblance qui existe entre toutes les populations du « continent mystérieux ». Avec les éléments que l'on possède déjà, il serait possible et intéressant de mettre cette thèse en pleine lumière; mais il n'est pas téméraire de se croire en mesure d'affirmer, dès maintenant, que tous les noirs sont frères. Sans doute les tribus du Nord, particulièrement, ont du sang sémitique dans les veines, et il y a là un chaos anthropologique dont il n'est pas facile d'éclaircir les détails; mais encore une fois et évidemment, tous les noirs sont frères,

« D'un autre côté, l'esprit, le caractère, les idées, les habitudes, tout ce qui constitue enfin l'état social de la race noire ressemble si bien, en dehors des différences apportées par le climat, les conditions d'existence, les besoins spéciaux, les événements, la civilisation et la religion; tout cela ressemble si bien à l'esprit, au caractère, aux idées, aux habitudes et à l'état social de la race blanche et de la race jaune, que, abstraction faite de toute préoccupation dogmatique, on est forcé de ramener scientifiquement toutes ces races à une seule espèce, toutes ces familles à une seule souche, tous ces enfants à un seul père.

Sans doute il y a des différences, mais il faut qu'il y en ait; il y en a partout.

Tout le monde est d'accord pour dire qu'il n'y a, par exemple, qu'un seul genre de fleurs appelées roses; pourtant que de variétés de roses!

Il n'y a non plus qu'un genre d'insectes auxquels est donné le nom de cétoines; et que de variétés de cétoines!

Il n'y a qu'un genre d'oiseaux qui portent le nom de pigeons, et on compte plus de cent cinquante races distinctes de pigeons!

Eh bien! de même, il n'y a et il ne peut y avoir qu'une espèce humaine, *née, par filiation, d'un seul couple primitif et par une succession naturelle et ininterrompue.* Mais, dans cette espèce unique, il y a des catégories *d'individus semblables se transmettant les caractères spéciaux d'une variété primitive :* ce sont les races, race blanche, race jaune, race noire, distinctes comme on distingue aussi le ramier et le pigeon de volière, la cétoine brillante et la cétoine dorée, le rosier à fleurs rouges et le rosier à fleurs blanches.

> . . . . . Facies non omnibus una,
> Nec diversa tamen, qualis decet esse sororum.

Cependant, si la constitution morale de ces races diverses est la même, n'y a-t-il pas une différence essentielle et radicale entre leur constitution physique?

Non, cette différence essentielle n'existe pas.

Pour ce qui concerne la taille d'abord, la plus haute moyenne est, chez un Patagon, de 1 mètre 77 centimètres; la plus basse moyenne est, chez un Bushman, de 1 mètre 37 centimètres. Ces deux chiffres seuls, empruntés à l'illustre M. de Quatrefages, qui en donne beaucoup d'autres, montrent assez que partout la taille est à peu près la même.

Les traits sont aussi pareils. Sans doute les cheveux peuvent être plus ou moins bouclés, le nez plus ou moins épaté, les mâchoires plus ou moins proéminentes, les talons plus ou moins allongés, les lèvres plus ou moins épaisses, le crâne plus ou moins osseux; mais ce sont partout, anatomiquement, les mêmes talons, les mêmes nez, les mêmes cheveux.

Enfin la peau peut être blanche, rose, cuivrée, rouge ou noire. Mais partout, chez l'homme, la peau est identique; partout la peau est composée de trois couches :

Le *derme,* tégument solide et résistant, de couleur blanche, au-dessous duquel le sang circule;

Le *corps muqueux,* au-dessus du derme, présentant une continuité de petites cellules pressées les unes contre les autres et dans lesquelles s'étend la matière colorante nommée *pigment;*

Enfin l'*épiderme,* qui recouvre le tout de son léger voile incolore et transparent. C'est cet épiderme qui, par l'action de la brûlure, se soulève pour former ce qu'on appelle une ampoule.

Là est tout le mystère de la coloration de la peau, des cheveux et des yeux. En Europe, le pigment, presque incolore, devient de plus en plus foncé à mesure qu'on descend vers le sud; ailleurs, il est jaunâtre; en Afrique, il est d'un noir plus ou moins accentué. Et ce sont ces diverses couleurs, s'étalant sur le derme au-dessus des vaisseaux sanguins, qui paraissent à travers l'épiderme translucide et donnent à la peau sa teinte particulière. Voilà pourquoi les enfants des noirs, chez qui le *pigmentum* n'est pas encore formé, naissent tout blancs; voilà pourquoi aussi les adultes noirs qui ont eu des brûlures ou des plaies portent parfois de grandes taches blanches sur leur peau, parce que les blessures ont détruit le tissu chargé de la matière colorante.

« Mais, dira-t-on, les choses étant ainsi, comment donc se fait-il que la couleur, chez le noir, se perpétue de génération en génération? »

Ce n'est pas seulement chez le noir que l'on remarque cette transmission singulière : c'est encore chez le blanc et chez le jaune; c'est, en dehors de l'espèce humaine, chez les quadrupèdes, chez les oiseaux, chez les plantes. Ainsi le veut la loi de l'hérédité.

La loi de l'hérédité, qui transmet aux enfants la teinte et jusqu'à un certain point les traits des parents, jointe à un milieu spécial et favorable, cette loi de l'hérédité et ce milieu opérant ensemble pendant de longs siècles, ont donc suffi pour former la race noire, comme ils ont suffi pour former toutes les races, comme ils suffisent pour les maintenir.

XXIX

CONCLUSION DE TOUT CE QUI PRÉCÈDE

Il y a bien des degrés dans la connaissance que l'on peut avoir de toutes choses en général, et d'une horloge en particulier.

Dans une horloge, on peut lire les chiffres du cadran sans pouvoir encore être en état de trouver l'heure; on peut savoir l'heure indiquée par l'aiguille sans connaître comment il se fait que cette heure est indiquée; on peut distinguer les nombreuses pièces du mécanisme sans savoir quelle matière a pu les fournir et quel ouvrier les a ajustées; on peut enfin se rendre compte de la manière dont le mouvement s'engendre sans savoir qui a imprimé ce mouvement.

L'univers est une horloge, et beaucoup l'étudient; mais tous ne l'étudient pas de la même manière.

Il en est qui regardent l'extérieur, qui en montrent la constitution, qui en décrivent les mouvements, et qui s'en tiennent là. Il en est d'autres qui font ce que font les premiers, mais qui de plus s'inquiètent de l'ouvrier qui a façonné la matière, posé le mécanisme et imprimé le mouvement. Et ceux-là ne peuvent se résigner à croire que cette question n'ait point d'intérêt, que ce problème soit insoluble, que cette découverte soit impossible :

Que cette horloge marche, et n'ait point d'horloger.

Voilà la différence qui sépare les savants athées et les savants religieux, les *positivistes* et les *positifs,* ceux qui s'arrêtent et ceux qui vont jusqu'au bout, dût, au bout, se trouver un être qui demande à ce que tout front s'humilie devant lui.

Mais, à côté des savants qui étudient l'horloge, il y a les ouvriers qui travaillent à en nettoyer les rouages multiples, et parmi ceux-ci comme parmi ceux-là, il y a aussi divergence de vues et de procédés.

De ces ouvriers, il en est qui croient que les pièces africaines de l'horloge du monde habité ne doivent être maniées que par des mains *laïques,* et il en est qui, tout en respectant les mains laïques et en appelant leur concours comme un bienfait, croient cependant que, sans l'huile de la doctrine et de la morale chrétiennes, ces pièces ne fonctionneront jamais bien. Les missionnaires et leurs amis sont de ceux-là.

En somme, et pour parler clair et franc, qu'est-ce que peut bien donner aux populations que nous venons d'étudier la civilisation matérielle? Beaucoup de choses : des étoffes, des souliers, des fusils, des chapeaux de feutre, des pantalons, sans compter des conseils municipaux, des conseils généraux, des députés et des journaux. Tout cela, mais rien que cela.

Le tout aboutit donc à créer à nos frères les noirs, enfin classés parmi les hommes, des besoins nouveaux qu'ils n'ont point connus jusqu'ici et de l'absence desquels ils ne se sont jamais plaints.

Ce n'est pas *civiliser,* c'est *exploiter.*

Il est une autre civilisation cependant, la civilisation chrétienne. L'histoire dit que cette dernière a déjà réussi partout où elle a été essayée et dans tous les temps. Elle n'exclut pas au reste la prospérité matérielle, mais elle la dirige au profit du plus grand nombre, mais elle la purifie, mais elle la modère, mais elle ne lui reconnaît pas, à elle seule, une influence suffisamment civilisatrice. Elle a donc l'ambition, qu'elle croit légitime et sainte, de s'établir avec le concours de l'autre, et, à ses côtés, de travailler à abolir chez les noirs ce qui est mal, pour y faire régner ce qui est bien essentiellement, et, afin d'assurer la félicité morale et matérielle chez une race, de ne pas se croire obligée à prendre les institutions, les mœurs et les coutumes d'une autre race qui s'est développée dans des conditions différentes, et qui se débat sous la tyrannie de ses besoins multiples et factices.

Cette œuvre est l'œuvre des missions catholiques, l'œuvre de ceux qui partent et qui travaillent là-bas, l'œuvre de ceux qui restent et qui soutiennent les envoyés, l'œuvre de ceux qui leur offrent leur sympathie, leurs prières et leurs aumônes, l'œuvre de tous ceux enfin qui croient sincèrement à la fraternité universelle, et pour lesquels la rédemption de l'espèce humaine est un dogme de foi.

Trop souvent sans doute, dans cette croisade organisée par l'Église sur l'ordre de son Fondateur, trop souvent, hélas! les ressources sont insuffisantes, mais la grâce féconde au loin le sou de la veuve et de l'ouvrier; trop souvent les rangs des soldats s'éclaircissent, mais l'Esprit-Saint ramène sans cesse de nouvelles recrues en soulevant de nouveaux courages parmi les générations qui ont respiré son souffle; trop souvent encore les grandes alliances font défaut, mais Dieu est toujours là!...

APPENDICE

LA MISSION FRANÇAISE DE BAGAMOYO

I

BAGAMOYO

Bagamoyo, que toutes les cartes signalent aujourd'hui, se trouve sur le continent africain à 6° 27' de latitude sud et à 30 milles environ de l'île et de la ville de Zanzibar, où réside S. A. le sultan Saïd Bargasch. Il y a moins de vingt ans, Bagamoyo n'était qu'un assez pauvre village; mais depuis Bagamoyo a grandi.

Sans palais et sans boulevards encore aujourd'hui, on n'y peut guère signaler qu'une seule rue, toujours encombrée de nattes, de marchandises, de troupeaux de bêtes, d'hommes de toute couleur, de toute langue et de toute tribu. Par ailleurs, des ruelles s'entre-croisent derrière et devant des cases sans nombre, jetées là avec un absolu mépris de la ligne droite. Enfin l'odorat de l'étranger qui pénètre dans ce dédale est peu à peu saisi par un inexprimable parfum sortant de partout, et rappelant à la fois le poisson qui sèche et l'encens qui fume, le girofle et le beurre rance, l'essence de rose et la sueur de l'homme : une odeur africaine! Mais, parmi ces restes d'un autre âge, les dix dernières années ont vu s'élever de belles maisons d'Arabes et s'ouvrir de riches magasins d'Hindous, musulmans et boudhistes, originaires de Katche et de Bombay.

Bagamoyo est ainsi devenu, après Zanzibar, qui est une ville de 80,000 âmes, le marché le plus important et l'un des points les plus fréquentés de cette côte. C'est là qu'arrivent l'ivoire, la gomme copal, le sésame, tous les produits de ces pays. Dans la bonne saison, les caravanes y amènent quelquefois de l'intérieur sept, huit et dix mille étrangers en une seule semaine. Un célèbre trafiquant, *Tipou Tipou*, y est dernièrement descendu, rapportant de la région des lacs soixante-dix mille livres d'ivoire.

Il est rare que ces étrangers séjournent longtemps; mais quelques-uns d'entre eux se fixent presque toujours à la côte. La population de Bagamoyo comprend ainsi des représentants d'un très grand nombre de tribus de l'intérieur, auxquels viennent s'ajouter des Arabes du golfe Persique, des Hindous, des Béloutchis et quelques Portugais de Goa.

II

LA MISSION

Ce fut en 1869, six ans après l'arrivée à Zanzibar du P. Horner et du P. Étienne Baur, que la Mission vint s'établir sur ce coin de la Grande Terre, et y planter la croix à l'ombre de laquelle se sont épanouies les œuvres dont j'entreprends de raconter l'histoire.

Cet établissement se trouve au nord et à un kilomètre de la ville de Bagamoyo.

Il y a dix ans, le pays était couvert d'une vaste forêt de broussailles, entamée çà et là par quelques maigres plantations de manioc et de sorgho, suffisantes au reste pour l'alimentation des habitants. C'est à travers ces jungles que les premiers missionnaires durent se faire jour avec le feu et la hache, et conquérir le terrain sur les bêtes les plus malfaisantes de la création qui s'y donnaient mutuellement la chasse.

Peu à peu les grands arbres de la forêt ont été abattus et vendus, des cases se sont élevées, des plantations ont été faites, des œuvres se sont établies. Autour de nous, l'exemple donné par les blancs a été mis à profit, et depuis notre arrivée les épines et les lianes ont dû céder la place à de vastes cultures que les *landlords* du pays font exploiter par leurs esclaves.

Nous sommes en bons rapports avec tous, et entre eux et nous se fait cet échange de services que les voisins des campagnes de France sont heureux de se rendre, aujourd'hui comme au bon vieux temps.

La Mission a une sorte de jardin d'acclimatation (le mot est bien ambitieux !) où l'on transporte de Bourbon, de Maurice, de Madagascar, des Indes, de l'Europe même, chaque fois qu'une occasion favorable se présente, les plantes, les arbustes et les arbres qui peuvent être ici le plus facilement utilisés. Beaucoup d'essais ont été faits; plusieurs ont réussi. Malheureusement le trop peu d'étendue de notre terrain ne nous permet point de faire des plantations sur une large échelle; mais, de ces modestes tentatives, il nous reste du moins la satisfaction d'être utiles à ce pays, en y acclimatant des plantes qui pourront être un jour un élément de prospérité réelle.

Des cocotiers avaient été plantés : nous espérions en retirer quelque argent et devenir ainsi un fardeau moins lourd pour les œuvres de la Propagation de la foi et de la Sainte-Enfance ! Un jour peut-être ces espérances se réaliseront; mais en ce moment, pour retirer de là des ressources sérieuses, plus d'une condition serait nécessaire. Il faudrait, par exemple, que nos arbres fussent tous en rapport; il faudrait que l'étendue de notre domaine nous permît de soutenir la concurrence en développant les cultures; il faudrait que l'armée de certains insectes ne vînt point nuire aux troncs de nos arbres en y établissant ses quartiers d'hiver; il faudrait que, la nuit, les voleurs de passage ne fussent point tentés de faire les récoltes sans nous prévenir. Présentement ces conditions ne sont point remplies, et voilà pourquoi la Mission de Bagamoyo peut vivre à l'ombre de beaucoup de cocotiers sans en voir tomber beaucoup de ressources pour elle.

Tel est aujourd'hui l'état des choses.

Seulement, pour arriver à faire de l'inextricable fourré qui nous fut cédé en 1868 l'établissement actuel de Notre-Dame, il a fallu verser bien des sueurs et déjà creuser, hélas! bien des tombes. Mais, témoins de la sainte mort de ceux qui ne sont plus, nous avons du moins la consolation de les regarder comme des protecteurs dont l'intercession nous est nécessaire pour le développement des œuvres qu'ils ont aimées.

III

LES PETITS ENFANTS

Les tribus au milieu desquelles nous avons à vivre ici sont en général hospitalières et bonnes. Il y a bien les Wadoé qui sont anthropophages, mais pour rien au monde ils ne voudraient goûter notre chair pâle; dans leurs estomacs noirs, cela, pensent-ils, produirait une révolution mortelle.

Bien souvent ils sont venus nous supplier d'aller nous établir chez eux, avec promesse que nous ne serions probablement pas mangés. Nous attendons deux missionnaires de plus pour répondre au désir de ces braves gens.

Ces tribus sont donc bonnes; malheureusement elles sont toutes plus ou moins hantées par des idées superstitieuses qui leur imposent trop fréquemment des pratiques d'une cruauté révoltante. Chez les Wazaramo nos voisins, par exemple, l'enfant qui naît à certains jours réputés néfastes, celui qui vient au monde avec des cheveux, avec des dents, celui qui fait trop souffrir sa mère, etc., est, sur la décision d'un conseil de famille présidé par un sorcier ou une sorcière, impitoyablement écarté. On le tue souvent; souvent aussi on se contente de l'abandonner sur le rivage de la mer, où la vague l'emporte, de le jeter sur la lisière d'une forêt, où, la nuit, les hyènes se le partagent. Les Wasigoua, eux, ont sacrifié tous les enfants nés dans leur tribu pendant le passage de la dernière comète.

Il n'est pas rare que le missionnaire trouve lui-même, dans ses excursions, quelques-uns de ces pauvres petits êtres, proscrits de la vie avant même de la connaître. Mais la plupart de ceux que nous recevons sont recueillis par nos chrétiens ou par d'autres personnes de confiance, même païennes, auxquelles nous donnons chaque fois une gratification convenable.

On nous les apporte en cachette dans des mouchoirs, dans des paniers, dans des corbeilles en feuilles de cocotier; car que dirait le public s'il savait que nous faisons collection de ces petites créatures? Elles sont inutiles, elles sont embarrassantes, elles sont condamnées : ne les recueillons-nous pas, penserait-il, pour faire entrer leurs cervelles dans ces préparations magiques dont les blancs savent si bien se servir contre les noirs?... Nous les baptisons. Puis, les uns sont confiés aux sœurs, les autres adoptés par les mères de famille du village chrétien. Seulement, malgré tous les soins qu'on leur prodigue, la plupart meurent bientôt, à cause sans doute des privations qui ont accompagné leur entrée dans la vie.

Plus tard, ces abandonnés sont réunis dans une salle d'asile où les plus jeunes enfants du village chrétien viennent aussi se rassembler, pendant que leurs mères travaillent ou s'occupent de leurs nouveau-nés.

Ce petit troupeau noir ne manque point d'intérêt. Il y a là des négrillons de quatre et cinq ans, gros, joufflus, rebondis, propres et sages, qui savent en deux langues *Notre Père* et *Je vous salue, Marie,* qui récitent des fables avec gestes à l'appui, qui chantent avec la même dévotion *le Petit navire* et *le Mois de Marie,* et qui, s'ils le veulent, peuvent un peu compter.

Vers l'âge de sept ans, les enfants des salles d'asile passent dans une autre œuvre, l'œuvre importante des Orphelinats, ainsi appelée parce qu'elle est surtout composée de jeunes noirs que nous avons rachetés ou qui nous ont été donnés.

Chapelle de Notre-Dame de Bagamoyo, d'après une photographie.

IV

LES ORPHELINATS

Le marché public des esclaves dans la ville de Zanzibar
a été aboli; mais, sur le continent, l'homme est toujours
poursuivi par l'homme, toujours pris, toujours vendu,
toujours acheté. Chose incroyable! le frère est livré par
son frère, et le contrat est bon.

Autant que nos ressources nous le permettent, nous
rachetons les enfants capturés dans les guerres et les
razzias de l'intérieur, et, pour les préparer à la liberté et
à la civilisation chrétienne, nous les réunissons dans les
orphelinats que je viens de nommer.

Là aussi sont rassemblés les jeunes esclaves qui, transportés de la côte vers les îles de l'Océan par des négriers
de contrebande, sont capturés par les croisières anglaises
ou françaises et nous sont ensuite confiés par les consuls.
Quoique ces prises deviennent plus rares, il ne se passe
point d'année qu'il ne s'en fasse encore un certain nombre.
Ainsi nous avons dernièrement reçu vingt de ces pauvres
enfants, et quelques mois auparavant, cinquante-cinq
autres, dont trente garçons et vingt-cinq filles. On avait
trouvé soixante-quatorze esclaves sur un boutre; mais le

consul anglais a mis en liberté les hommes et les femmes en état de se suffire. Ces enfants, qui ont déjà passé par tant de souffrances, prennent en général assez gaiement le parti qui leur est fait quand ils sont achetés par les Arabes; mais, arrivés ici et bien vite instruits de leur condition, ils n'ont pas d'expression pour dire leur bonheur, et en peu de temps ces petits sauvages d'hier racontent, avec des airs dégagés et charmants, beaucoup de choses intéressantes que plusieurs académiciens d'Europe ne savent point encore : comment, par exemple, le monde a été créé, d'où vient l'homme et où il va, ce que Dieu a fait pour nous et ce que nous devons faire pour lui.

Avec le catéchisme et l'histoire sainte, nos savants apprennent à lire, à écrire, à compter. L'école est dirigée par un de leurs aînés, devenu père de famille.

Mais, comme on a toujours cru que les noirs seront moralisés surtout par le travail manuel, on applique la plupart de ceux que nous recevons à la culture des champs, au jardinage, à la basse-cour; d'autres, qui montrent des aptitudes spéciales, deviennent forgerons, menuisiers, cordonniers, maçons, scieurs de long et même imprimeurs...

Les filles, à leur tour, sous la direction des sœurs, apprennent la couture et les divers travaux du ménage.

Quand l'âge est venu où ces enfants doivent devenir chefs de famille, deux ou trois missionnaires partent à la tête de quinze ou vingt de ces conscrits. Ils s'en vont dans l'intérieur vers une tribu amie, vers un chef connu. Là, sur un site élevé et près d'un cours d'eau, dans un canton fertile, salubre et peuplé, ils se font céder des terres incultes dont ils défrichent un coin à la hâte, et sur lesquelles ils élèvent des cases provisoires. La première besogne faite (avec quelle ardeur, on le devine!), les hommes reviennent chercher leurs fiancées, et le couple jeune et joyeux va prendre possession de son nid.

Voilà donc, tout de suite, quinze ou vingt ménages chrétiens. Ils ne possèdent rien, mais ils sont déjà plus riches que tous les païens qui les entourent, car le christianisme leur a donné ce que les autres n'ont pas : une intelligence que la foi éclaire et des bras qui sauront travailler.

D'ailleurs le missionnaire est toujours là qui dirige et qui surveille, qui instruit, qui récompense souvent, qui punit quelquefois. Peu à peu, autour de la case restaurée et dans les champs défrichés, on voit s'élever le sorgho, le maïs, le riz, la canne à sucre, pendant que le colombier se peuple, que les poules se multiplient et que les chèvres vont par bandes promener leurs caprices à travers les herbes plantureuses.

Ce n'est pas tout; car des relations se sont vite créées aux alentours, la confiance s'est établie, et bientôt peut-être les païens eux-mêmes, attirés par l'exemple, par l'intérêt, par la perspective d'une vie plus avantageuse et plus belle, par la grâce de Dieu surtout, qui se sert de tous les moyens, les païens viendront se grouper autour de l'*homme blanc* et formeront une florissante colonie chrétienne.

Voilà notre plan : à Dieu, aux missionnaires et à leurs bienfaiteurs de le réaliser !

En général, ces enfants de nos orphelinats nous restent très attachés et très fidèles. Quelquefois pourtant, au bout de deux, trois ou quatre années passées parmi nous, il en est qui tout à coup sont pris d'étranges illusions : poussés par le désir de faire quelque figure au milieu de ceux qu'ils ne regardent plus que comme des « sauvages », par l'espoir de jouir d'une plus grande indépendance, par je ne sais quel amour de l'inconnu, ils s'évadent. Mais il est rare que ces petits fugitifs ne nous reviennent pas, déçus et repentants. C'est ainsi, par exemple, que dernièrement Joseph, surnommé *Mwalimou*, autrement dit le *Docteur*, le *Secrétaire*, le *Pontife*, voulut un jour tenter la fortune. Mais, comprenant bien que sa peau toute seule ne suffirait pas pour lui attirer la considération qu'il cherchait, il eut soin, avant de partir, de prendre à la sacristie une robe d'enfant de chœur, rouge comme celle d'un cardinal, un long surplis, une barette et un gros livre de plainchant. La nuit venue, il partit, courut au loin, et, dans cet étrange accoutrement, il évangélisa le pays pendant un mois, se disant envoyé par les blancs pour convertir les noirs, et concluant toutes ses homélies par une péroraison pathétique et au besoin véhémente, dans laquelle il insistait sur la rémunération qui lui était due pour sa peine. Il excitait partout la plus vive admiration, surtout quand il faisait remarquer combien son auditoire était ignare et sauvage; mais à la fin un chef de village, légèrement froissé et plus sceptique que les autres, mit la main au collet de ce prédicant, et nous le ramena. Six mois après, Joseph fut pris d'une phtisie et mourut dévotement : il devait avoir quinze ans.

C'est, du reste, pour le directeur de ces enfants, quels qu'ils soient, une grande consolation de voir à tous leurs dispositions dernières. Ils meurent non seulement résignés, mais contents, se confessant avec de très beaux sentiments de contrition, demandant instamment le baptême quand ils ne l'ont pas encore reçu, invoquant avec une foi simple et forte les noms de Jésus, de Marie et de Joseph, se disant bien heureux d'aller voir le bon Dieu et assurant que dans le ciel ils prieront beaucoup pour leurs camarades, pour leurs parents inconnus, pour leurs amis d'Europe et pour nous.

V

LE VILLAGE DE SAINT-JOSEPH

Il y aurait beaucoup à dire sur nos fondations chrétiennes de l'intérieur, sur *Mandéra, Mhonda, Mrogoro;* mais, quoique à Bagamoyo la vie soit plus prosaïque et plus simple, c'est de Bagamoyo seulement que je parlerai. D'ailleurs, ce village, que je connais mieux, donnera des autres une idée suffisante.

Là donc, près de la Mission, s'étend le petit village chrétien de *Saint-Joseph.* C'est une modeste paroisse ayant son église et son presbytère : elle compte soixante cases, toutes construites sur le même modèle, et alignées en trois rues plantées des deux côtés de filaos, beaux arbres rappelant le mélèze et le sapin, qui dressent leurs têtes mobiles au-dessus des cocotiers, et dans lesquelles la brise de la mer vient murmurer un chant qui ne finit jamais.

Dans cette paroisse on trouve, comme partout, beaucoup de chrétiens qui sont forts et quelques chrétiens qui sont faibles; mais aucun n'est méchant. La grâce de Dieu, au contraire, a produit de merveilleux fruits dans ces pauvres enfants, qui pour la plupart ont connu toutes les horreurs du paganisme et de l'esclavage. Arrachés de bonne heure à leurs tribus, ils se sont refaits ici de nouvelles familles, puisque les leurs ont été dispersées. Et de ces mariages que l'Église a sanctifiés, déjà bien des enfants sont nés : les uns sont allés au ciel prier pour leurs parents ; les autres seront un jour, nous l'espérons, des modèles et peut-être des apôtres pour leurs frères païens.

Ces chrétiens, élevés par la Mission, travaillent pour elle à certains jours ; mais, en retour, la Mission fournit à chaque ménage la nourriture et les vêtements nécessaires. Cette distribution, qui dure tant que la famille ne peut point se suffire à elle-même, se fait le mercredi de chaque semaine, et les parts augmentent à mesure qu'un nouveau-né paraît sous la case. Chacun, du reste, fait valoir pour son compte un petit champ qui lui a été donné, et qu'il cultive à sa fantaisie : tous les produits qu'il en retire lui appartiennent. Ainsi, sans être préoccupé des richesses et sans souffrir de la pauvreté, ces premiers-nés de l'Église du Zanguebar vivent heureux sous la loi de l'Évangile. Le matin, ils vont faire la prière à leur chapelle et en commun ; le soir, la cloche les réunit encore : on prie, on fait un peu de catéchisme, on donne les avis opportuns. Puis, en attendant le sommeil, les fervents récitent le chapelet devant les images qui décorent les murs de leurs cases ; les artistes se rassemblent par groupes et se renvoient avec un mélancolique attendrissement les chansons qu'ils apprirent autrefois, du temps qu'ils avaient une tribu, un père et une mère. D'autres frappent le tam-tam et jouent sur une espèce de guitare du pays des airs qu'ils improvisent ; d'autres égayent leurs petits enfants ; d'autres enfin *ne font rien*.

Deux missionnaires habitent avec eux dans une espèce de case-presbytère construite au milieu du village. Ils

cumulent les fonctions ecclésiastiques et civiles; mais,
comme à la tête de chaque colonie il y a un chef, un
maire, un élu du peuple, le missionnaire a pour principe
de n'intervenir que dans les jugements qu'il faut rendre
en appel. Au besoin, et en regardant de près, on trouverait aussi une cour de cassation : le curé en serait l'avocat
général, et le vicaire apostolique, le premier président.

VI

Voilà ce qui se fait dans la maison; mais c'est pour
nous un devoir de chercher à étendre de plus en plus
notre action au dehors.

Les indigènes, les Arabes surtout, ne nous ont pas toujours été favorables, et, même en 1872, une espèce de
révolution s'est tramée contre nous. Depuis, les choses
ont heureusement changé, et les chefs du parti qui nous
étaient les plus hostiles sont devenus nos amis dévoués,
nos protecteurs, nos bienfaiteurs.

Pouvant aujourd'hui pénétrer partout, le missionnaire
se trouve tous les jours en mesure de baptiser les enfants
en danger de mort, de recueillir des vieillards des deux
sexes, de soigner des malades, d'instruire des adultes, et
de préparer le terrain à une future évangélisation plus
complète et plus sérieuse.

Ce ministère est d'autant plus facile et plus fructueux
que, dans ce pays, l'homme malade n'a plus aucun prix :
on le laisse dans un coin de la case, on le jette dans les
grandes herbes. Quelquefois, s'il est atteint d'une affection
contagieuse, on lui met une corde au pied et on le traîne

dans les broussailles, comme on ferait d'une bête infecté et dangereuse.

C'est vers ces abandonnés que le missionnaire s'en va de préférence; et comme la perspective d'une mort prochaine est bonne conseillère, ces pauvres gens, qui sont souvent des porteurs de caravanes et qui n'ont peut-être jamais entendu parler de Dieu dans leur tribu, reçoivent avec la docilité d'un cœur naturellement chrétien les vérités qu'on leur présente. Ils demandent d'eux-mêmes le baptême, et ils meurent consolés et reconnaissants.

Quant aux adultes qui se voient encore pleins de force et de santé, les conversions ne sont pas aussi faciles, loin de là. De temps à autre cependant des hommes et des femmes, dans toute la vigueur de l'âge, parfois des familles entières, viennent nous demander à habiter avec nous. On en compte ainsi plusieurs qui sont restés fidèles et qui sont aujourd'hui de bons chrétiens. L'un d'eux, par exemple, ancien voyageur et l'un de ceux qui ont rapporté à Bagamoyo le corps de Livingstone[1], se montre surtout d'un admirable dévouement pour recueillir, soigner et instruire tous les infortunés que la variole, la lèpre et les autres maladies contagieuses rejettent du commerce de leurs semblables. Dernièrement un varioleux qu'il avait trouvé, et qui, avant de mourir, a pu recevoir le baptême, a été, la nuit, emporté par les hyènes et à moitié dévoré : « Qu'importe! disait notre homme. Les hyènes ont fait l'enterrement, mais les anges ont chanté les prières. »

Cependant il faut ajouter, pour tout dire, que le mobile qui attire ces adultes n'est pas toujours aussi désintéressé,

---

[1] Le corps de Livingstone, rapporté du sud du Bangouélo, fut reçu dans l'hôpital de la Mission, et c'est un de nos frères qui a fait le cercueil provisoire dans lequel les restes du grand voyageur furent mis pour être transportés à Zanzibar, et de là à Westminster.

aussi spirituel qu'il pourrait et devrait l'être. Un jour, une femme de haute taille, originaire de *l'Ounyamwézi,* dans l'intérieur, vint avec sa petite fille se présenter à la Mission, et dit, en tirant une bouffée de tabac de sa longue pipe d'ébène, qu'elle désirait vivement rester avec les blancs. Elle resta, en effet, mêlée à quelques vieilles qui travaillent chez les sœurs. Mais, huit jours après, elle demande le Père supérieur. « Eh bien! dit-elle, quand est-ce donc que l'on se marie?... » La réponse n'ayant pas été de son goût, elle reprit sa pipe et sa fille et sortit indignée.

VII

VISITES

Je crains d'être long; mais la reconnaissance pourtant
m'oblige à dire au moins quelques mots des diverses
visites que nous recevons, visites qui nous honorent et
que nous aimons, parce qu'en elles nous revoyons la
France. Il est bien rare, en effet, que les navires de
guerre français qui paraissent à Zanzibar ne se réservent
pas quelques jours pour venir à Bagamoyo. C'est ainsi
que nous avons vu successivement le *Bisson*, la *Décidée*,
le *Bruat*, le *Laclochetterie*, le *Forfait*, le *Boursaint*, le
Beautemps-Beaupré, la *Flore*, avec M. le capitaine de
vaisseau Vallon, l'amiral le Timbre et l'amiral Pierre, qui
se sont succédé dans le commandement de la division
navale de la mer des Indes.

Dans ces visites, les commandants sont ordinairement
accompagnés du consul de France à Zanzibar, M. Ledoulx,
dont le dévouement et la sympathie sont pour nous l'expression encourageante de la sympathie et du dévouement
de la patrie elle-même.

Bagamoyo étant le point de départ d'un grand nombre
de caravanes pour l'intérieur, nous voyons aussi la plupart

des voyageurs qui vont explorer le continent mystérieux.

C'est d'ici qu'est parti Stanley pour aller à la recherche de Livingstone. Le jour de son arrivée à Bagamoyo, des Européens de Zanzibar étaient venus voir la Mission, et avaient eu la délicate précaution d'apporter avec eux deux ou trois bouteilles de vin de Champagne. Stanley en eut sa part. Et de retour en Europe, rendant hommage à la courte hospitalité qu'il avait reçue, il écrivit gaiement dans son livre quelque chose comme il suit : « J'ai trouvé « à Bagamoyo *les jésuites du Saint-Esprit* (sic)... Ceux-là « comprennent le prix de la vie : ils ont la fièvre, mais ils « la chassent avec du Champagne... »

Deux ans après, Stanley repassa; mais cette fois les visiteurs européens ne l'avaient point précédé. C'était un vendredi, et l'illustre voyageur, qui s'attendait à mieux, dut se contenter d'une sardine!

Avant Stanley et après lui, nous avons vu successivement passer Cameron, les expéditions belges et allemandes, l'abbé Debaize, M. le capitaine Bloyet, M. Giraud, enfin les missionnaires de Notre-Dame d'Afrique, nos frères dans l'apostolat des noirs.

VIII

L'AVENIR

Voilà donc l'œuvre de Bagamoyo. Comme vous le voyez, sa nature même nous force d'aller sans cesse en avant, vers ces populations de l'intérieur au milieu desquelles les missionnaires trouveront sur un vaste champ des âmes confiantes et dociles. Sans parler, en effet, de notre village chrétien, qui gagnerait à être dédoublé, les orphelinats nous donnent chaque année des jeunes gens qu'il faut marier et établir. Or les placer sur la côte, en les abandonnant plus ou moins à eux-mêmes, au milieu des Arabes, c'est les livrer à toutes les aventures, c'est perdre en quelques mois ce que nous avons à grand'peine édifié en plusieurs années.

Reste donc l'intérieur, où ces jeunes familles, sous la garde de leurs pères, se conserveront et se multiplieront, où elles seront comme le noyau déjà formé des chrétientés futures.

Mais, pour accomplir ces pacifiques conquêtes, il nous faut des ressources, il nous faut des hommes.

L'Afrique est depuis quelques années devenue le point de mire de toutes les nations civilisées. Cette grande

délaissée inspire enfin quelque intérêt! De ce mouvement
extraordinaire qui porte vers elle tant de voyageurs, tant
de commerçants, tant de missionnaires, la Providence
évidemment saura tirer beaucoup pour sa gloire, et peut-
être un jour viendra où les chrétientés d'Afrique pourront
se suffire à elles-mêmes. En attendant, nous sommes forcés
de demander aux fidèles d'Europe qu'ils veuillent bien
unir leur sou de chaque semaine aux sueurs de chaque
jour du missionnaire. L'œuvre que nous poursuivons, en
effet, parmi ces peuples, enlevés au démon depuis dix-
huit siècles déjà, cette œuvre n'est pas notre œuvre à nous
seuls : c'est celle de Dieu et de l'Église, celle de tous les
chrétiens. Nous, nous ne sommes que des chargés d'affaires, *envoyés* pour le compte de tous ceux qui ont foi en
la rédemption universelle des peuples. Il a été dit à tous :
Allez et enseignez. Tous cependant ne peuvent partir;
mais si les missionnaires vont et enseignent, à ceux qui
restent il appartient de leur fournir les moyens d'aller et
d'enseigner au loin.

FIN

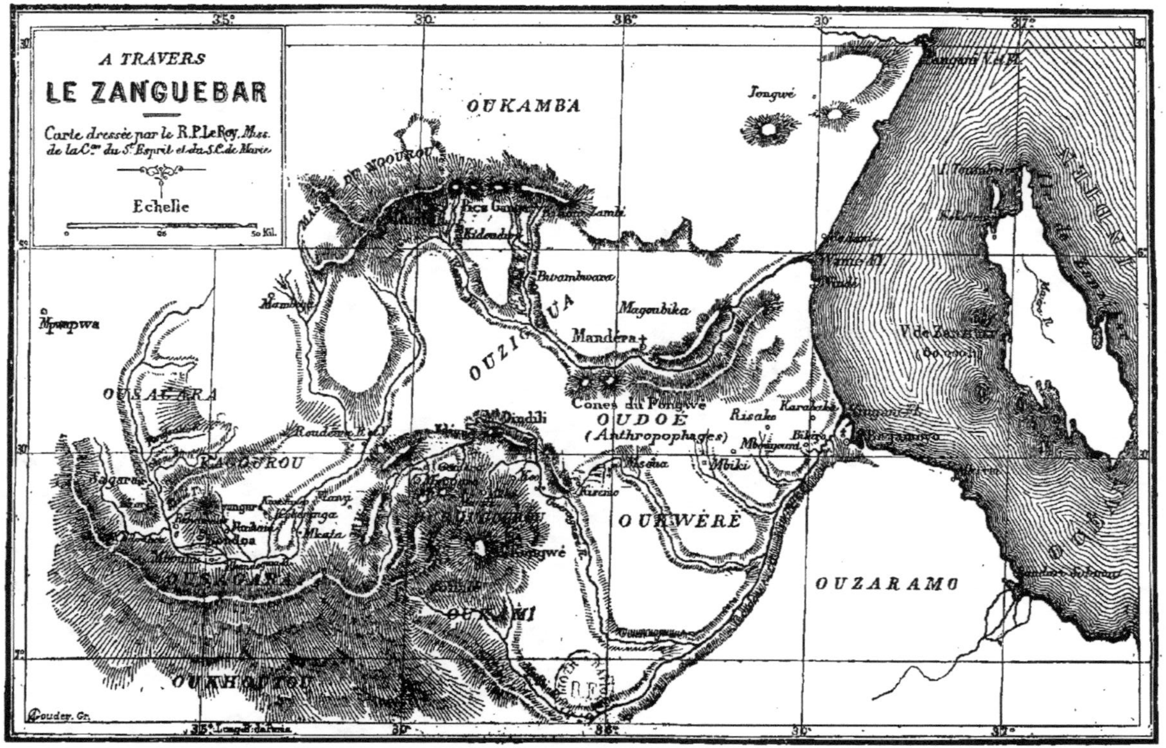

A TRAVERS
LE ZANGUEBAR

Carte dressée par le R. P. Le Roy, Miss.
de la C.^{on} du St Esprit et du S.C. de Marie.

Echelle

0   25   50 Kil.

OUKAMBA

Jongwé

OUZIGUA

OUSAGARA

Mpwapwa

Mamboïa

Boubouaxa

Magoubika

Mandera

Cones du Pongwé
OUDOÉ
(Anthropophages)

Risako

Karakata

Dindili

RA DJROU

OURWÉRÉ

OUZARAMO

OUSAGAI

OUKAMI

OUKHOUTOU

Couder. Gr.

35° Long. E. de Paris.

TABLE DES GRAVURES

DANS L'OUDOUÉ ET L'OUZIGOUA

DANS L'OUKWÈRÉ, L'OUKAMI ET L'OUSAGARA

CARTE

TABLE DES MATIÈRES

DANS L'OUDOUE ET L'OUZIGOUA

DANS L'OUKWÈRÉ, L'OUKAMI ET L'OUSAGARA

APPENDICE

28567. — Tours, impr. Mame.